ALCALÁ DE HENARES EN 1654

Descripción de la Villa de Alcalá de Henares
que hizo Don Manuel Moncayo de Molina,
natural de la villa de Villaescusa de Haro,
siendo cursante en ella, de edad de 18 años.
Año de 1654. En octavas.

ALCALÁ DE HENARES EN 1654

Descripción de la Villa de Alcalá de Henares
que hizo Don Manuel Moncayo de Molina,
natural de la villa de Villaescusa de Haro,
siendo cursante en ella, de edad de 18 años.
Año de 1654. En octavas.

Manuscrito conservado en Madrid,
en la Biblioteca de la Real Academia de la Historia
Signatura 9/7272

Javier Rivera Blanco
(Coordinador)
Macarena Moralejo
Vicente Sánchez-Moltó
Francisco Peña

1. Alcalá de Henares. 2. Manuel Moncayo de Molina. 3. Urbanismo de Alcalá. 4. Historia de Alcalá. 5. Patrimonio. 6. Universidad. 7. Patrimonio Mundial.

Con la colaboración de:

EDITORIAL
UNIVERSIDAD DE ALCALÁ

ASOCIACIÓN DE AMIGOS
DE LA
UNIVERSIDAD DE ALCALÁ

© Editorial Universidad de Alcalá. Segunda edición revisada, 2025
Pza. San Diego, s/n, 28801 Alcalá de Henares (Madrid)

© De los textos, sus autores
© Reproducción, Real Academia de la Historia

Imagen de cubierta: Vista de Alcalá de Henares en el siglo XVII, de Pier Maria de Baldi. Biblioteca Laurenciana de Florencia. (Uso libre)
Diseño: Ronda Vázquez Martí
Impresión y maquetación: Solana e hijos, A.G., S.A.U.

I.S.B.N.: 978-84-10432-23-9
Depósito Legal: M-15809-2025

Impreso en España / Printed in Spain

Índice

PRÓLOGO

José Vicente Saz

Rector de la Universidad de Alcalá

Tengo la satisfacción de presentar el texto más antiguo conocido (fechado en 1654) relativo a una descripción extensa de la que entonces era la villa de Alcalá de Henares y de sus edificios, la universidad, el palacio arzobispal, los colegios mayor y menores, la magistral, la ermita del Val, etc., expresando con viveza su ambiente, sus costumbres, su patrimonio físico, pero también sus valores inmateriales narrando fiestas, procesiones, devociones y otros factores importantes como la señalización de que en ella vivían unos 2.000 vecinos y unos 2.000 estudiantes en la fecha del escrito, que coincide con otras fuentes ya conocidas de la época, como los comentarios del visitante embajador de Holanda.

La fuerza con la que estas octavas están compuestas por el estudiante complutense Moncayo es muy interesante porque como identifica el artículo del profesor Francisco Peña reflejan fielmente el momento barroco del Siglo de Oro que vivía el Reino de Castilla y la población universitaria en este momento de gran prestigio de nuestras letras.

El artículo de Vicente Sánchez-Moltó, cronista oficial de la ciudad de Alcalá de Henares, hace un recorrido por los lugares que describe el relator e identifica sus importantes edificaciones como las murallas, las calles y los monumentos y contextos en los que vivían los habitantes diversos de Alcalá.

Un tercer artículo lo redacta la descubridora del documento entre los fondos de jesuitas de la Real Academia de la Historia. Por lo que es muy probable que el autor estudiara en el colegio de la Compañía y decidió plasmar cuanto apreciaba y veía, con 18 años, en su apasionada «Descripción». La doctora Macarena Moralejo Ortega, profesora de la Universidad Complutense de Madrid, firma el estudio con el catedrático de la Escuela de Arquitectura de nuestra universidad Javier Rivera Blanco. Juntos han investigado los orígenes del autor del texto, nacido en Villaescusa de Haro (Cuenca), lugar que estuvo a punto de competir con Alcalá con una universidad en el mismo momento en el que el Cardenal Cisneros erigió la alcalaína. En su trabajo valoran el interés patrimonial e histórico de los poemas y describen los edificios y calles de la villa, que en su conjunto reflejan el momento de la Contrarreforma en España.

Se expresa de forma clara la importancia que tenía entonces la universidad y sus colegios, sus maestros y catedráticos, sus alumnos, que la convertían en una de las más importantes de España, aun siendo el momento de la «Descripción» parte de una etapa en la que las universidades europeas entraron en cierta decadencia que se profundizaría en las décadas siguientes.

Los profesores Peña y Moralejo realizan asimismo una transcripción del documento para allanar su lectura contemporánea y este texto se ofrece al final de los estudios.

El facsímil del documento permite seguir y entender el lenguaje directo y barroco con sus características expresiones poéticas y verificar el análisis realizado de la historia y del valor de la villa en un momento tan preciso del pasado, el Siglo de Oro español.

El profesor Rivera se ha ocupado de la coordinación de estos textos y su edición por medio de una primera edición de este librito que se presentó en 2024 dentro de las actividades organizadas para conmemorar los 25 años de la declaración de la «Universidad y el recinto histórico de Alcalá» por la UNESCO como patrimonio de la Humanidad.

Nos resta agradecer a la Asociación de Amigos de la Universidad de Alcalá su apoyo económico para poder compartir este extraordinario texto que refleja con realismo social y la fantasía barroca la ciudad modelo de la Contrarreforma española del siglo XVII, desarrollada sobre la *Civitas Dei* humanista que refundara en 1499 el Cardenal Cisneros.

Estudios

EL AUTOR DEL MANUSCRITO DE LA DESCRIPCIÓN DE ALCALÁ, MANUEL MONCAYO MOLINA, Y SUS REFERENCIAS AL PATRIMONIO, A LA ARQUITECTURA Y AL ARTE DE LA VILLA EN 1654

Javier Rivera Blanco

*Catedrático de la Escuela de Arquitectura de la Universidad
de Alcalá y Presidente de los actos conmemorativos de los 25 años
de la declaración de la universidad Patrimonio Mundial*

Macarena Moralejo Ortega

*Profesora del Departamento de Historia del Arte
de la Universidad Complutense de Madrid*

EL AUTOR, ESTUDIANTE DEL COLEGIO MÁXIMO DE LA COMPAÑÍA DE JESÚS EN ALCALÁ, NATURAL DE VIALLESCUSA DE HARO (CUENCA)

En el archivo de la parroquia de San Pedro de Villaescusa de Haro (Cuenca), se conserva el libro parroquial de bautizados, cuyo asiento nos facilita el actual párroco al que mostramos nuestro agradecimiento por su generosa colaboración (D. Fernando Fernández Cano), y en él consta:

> *«En la yglesia parrochial del Señor San Pedro en cinco días del mes de diciembre de seiscientos y treinta y cinco yo Juan Diaz diafranca cura propio de la dicha parrochia bautice vn niño que nacio a veynteyisiete de noviembre hijo de Xpobal de Moncayo boticario y Maria de Molina su lejitima mujer pusele por nombre Manuel fue su compadre el Ilmo. Francisco de Aranda a el qual abise del parentesco testigo Ygnacio Martinez sacristan y Pedro de Briega y lo firme.*
>
> *Juan Ruiz*
>
> *De Astrana (rubricado)*
>
> *Libro de bautizados, principia 1630 - concluie 1654».*

Así pues, nuestro protagonista nació el día el día 27 de noviembre de 1635. Además de conocer a los padres, el varón era boticario por lo que tendría unos medios económicos suficientes para hacer estudiar a su hijo en la universidad de Alcalá. Interesa destacar que el párroco asienta que el compadre de la criatura era el Ilustrísimo Francisco de Aranda, título que señala también una persona acomodada y con medios. Villaescusa de Haro conoció un intento serio de erigir una universidad y comenzó a levantar un edificio para sede del primer colegio universitario, bajo el patrocinio del obispo de Astorga (1498), Málaga (1500) y Cuenca (1518) Diego Ramírez de Villaescusa (1459-1537), en los inicios del siglo XVI[1]. La construcción no llegó a concluirse al

---

[1] Catálogo de Patrimonio Cultural de Castilla-La Mancha y para Diego Ramírez de Villaescusa CARABIAS TORRES, Ana María (1983), *El Colegio Mayor de Cuenca en el siglo XVI. Estudio institucional.* Salamanca: Ediciones Universidad de Salamanca. Se conserva un retrato suyo en la universidad de Salamanca. Véase también su biografía en el Diccionario de la Real Academia de la Historia realizada por CABRERA GARRIDO, Miguel https://dbe.rah.es/biografias/56797/diego-ramirez-de-villaescusa (consulta de 12/11/2012).

crearse la relativamente cercana universidad de Alcalá de Henares por el Cardenal Cisneros, según bula papal concedida en 1499. Las ruinas que hoy se conservan en este lugar responden al edificio rehabilitado por Pedro de Alviz para palacio residencial en 1536. Ramírez, el obispo, era hombre interesado en la formación y educación universitarias. En 1500 fundó, en Salamanca, el Colegio Mayor de Cuenca. En 1537 falleció y fue enterrado en la capilla mayor de la catedral conquense.

El lugar de nacimiento de nuestro protagonista cuenta con una larga historia y con un buen número de personalidades notables en el ámbito de la nobleza y de las letras. Uno de los más recientes fue el famoso y diligente estudioso de Miguel de Cervantes Saavedra, Luis Astrana Marín, que cuenta en la ciudad de Alcalá con un retrato pétreo en la plaza de Santa María, como gran estudioso de nuestra máxima figura de las luces españolas de la literatura. El hallazgo por parte de la profesora Macarena Moralejo Ortega (Departamento de Historia del Arte, Universidad Complutense de Madrid) del documento en la Biblioteca-archivo de la Real Academia de la Historia en los fondos procedentes de los antiguos colegios jesuitas debe ponerse en relación con la filiación del joven alumno con el Colegio Máximo de la Compañía de Jesús de Alcalá de Henares. Tal posibilidad permite plantear la hipótesis de que nuestro colegial fuese estudiante con los jesuitas y que, posiblemente, acabara ingresando en la Orden de San Ignacio, bien como Hermano Coadjutor o como Padre, aunque esta cuestión habría que revisarla con los catálogos que, después de la Supresión de la Compañía en 1767 se desperdigaron por varias instituciones.

LA DESCRIPCIÓN DE ALCALÁ (VALOR PATRIMONIAL TANGIBLE DE LA ENTONCES VILLA)

El epítome que nos ofrece Manuel Moncayo de Molina, como él firma, recorre con rapidez en varios folios la historia de la villa (que será declarada ciudad en 1687), aludiendo a la inspiración que los clásicos le ayudan en su humilde pluma, pues la soberbia y la vanidad no es buena compañera, señalando los más importantes elementos que componen el arte y la cultura del conjunto urbano edificado.

Indica el lugar de implantación, una llanura entre la fronda vegetal del limpio y hermoso río Henares, uno de los más cantados en el Siglo de Oro español, que compara al Nilo, al Duero y al Ebro, a los que fácilmente supera. Expresa así algunas de las ideas que señalaban los grandes tratadistas de la arquitectura para ubicar la ciudad, como Vitrubio y Alberti, traducidos al español y copiados en diversos manuscritos en numerosas ocasiones. Sigue también las directrices del propio Felipe II y su comisión de expertos dirigida por Juan Bautista de Toledo para elegir la ubicación que habrían de tener algunos de sus sitios reales, especialmente El Escorial. De igual manera el entorno del río tendría importantes molinos y fincas que se aprovecharían de su frescor y aguas, como herencia de las villas romanas y medievales.

De igual manera comenta la importancia urbanística del emplazamiento con su protección exterior. Destaca que Alcalá estuvo fuertemente amurallada, aunque parte importante del recinto estaba ya en ruinas y perdido (caduco), conformado por una cerca fiscal que ya no baluartes y murallas. No obstante, se conservaban sus ocho puertas que conducían a otros tantos caminos, lo que hizo de la villa un lugar geoestratégico en el centro de la península entre el sur y el nordeste (caminos a Andalucía y a Francia). Probablemente Manuel Moncayo conocía bien la muralla, sobre todo si tenemos en cuenta su vínculo con los jesuitas, dado que se tienen noticias de un espacio, a modo de habitación, construido horadado en uno de los cubos de la muralla, que la Compañía tenía como espacio de almacenaje de libros y/o manuscritos. De hecho, aquí, desde 1551, tal y como notificó el Padre Dionisio Vázquez a Roma se custodiaron las obras de uso cotidiano entre los colegiales.[2] Moncayo aprecia una de sus características que la hará famosa, su silueta, como se observa en los grabados del siglo XVII y posteriores, característica de una urbe no horizontal, sino rota por elevaciones en distintos puntos que marcaban el centro y la periferia; se distingue cómo rompía la verticalidad de sus defensas con cúpulas y chapiteles apiramidados, que van a ser señalados por todos los viajeros cuando se acercan a la ciudad desde la lejanía.

Aunque la ciudad presentaba, según la vista de Antonio de las Viñas (Wyngaerde), muy claras las dos partes en las que se había desarrollado desde la Edad Media hasta el momento en el que se escribe en la Edad Moderna, con dos modelos distintos de ciudad, una de calles estrechas, quebradas y radiales, y, la otra, con calles ortogonales y diagonales renacentistas y con una planta general casi de retícula, Manuel Moncayo no las distingue y dice de todas que son «bellas y espaciosas». La vista-dibujo de Antón Wyngaerde (1565) y sobre todo la acuarela de Pier María Baldi (1667), más próxima a la fecha del escrito, señalan la silueta de la ciudad en la Edad Moderna, en la que se presenta el valor de los chapiteles apiramidados y cúpulas de las iglesias de Alcalá, que buscaban el cielo y el sol y que reflejaban sus simbólicos rayos, como ocurrió con las pirámides y los zigurats de Egipto.

---

[2] Cuando se vendieron parte de las construcciones primitivas de los jesuitas en Alcalá después de la expulsión en 1767 uno de los espacios citados es la *librería vieja* junto a la muralla. Véase Miguel Alonso A., *Nuevos datos para la historia de la biblioteca de la Universidad Complutense: la librería del colegio Máximo de Alcalá de la Compañía de Jesús* en Cátedra García P. – López-Vidriero Abello M. L.- de Paiz Hernández M. I., La memoria de los libros: estudios sobre la historia del escrito y de la lectura en Europa y América, Madrid, 2004, vol. 2, pp. 459-481.

El primer lugar concreto que destaca Moncayo es el Palacio Arzobispal, al que denomina «Palacio Imperial», de Dédalo, el dios del sol, que representa como una de las obras más magníficas, no sin alguna velada crítica a la suma de sus construcciones de distintas épocas, por lo que se le escapa calificarlo como «laberinto», también advirtiendo de su fortaleza exterior («alcázar») y de su significación religiosa en el interior (pues dentro es «cielo»). Se recrea en señalar que la villa tiene numerosos templos, todos dedicados al Dios celeste, destacando el dedicado a las santas reliquias que ya entonces suscitaban el mayor fervor de los alcalaínos, como de toda la España de Trento y de Felipe II que ordenó emisarios para adquirir reliquias por toda Europa para su relicario de El Escorial. La denominada Capilla de las Santas Formas o de las Santas Reliquias tiene su origen como culto en el año 1597 y su creación está vinculada con el robo de las hostias consagradas por parte de un morisco y su posterior confesión a un jesuita, el Padre Juárez, el cual recibió de sus manos un pequeño saquito con un elevado número de Formas ya consagradas. El religioso creyó que habrían podido ser contaminadas o envenenadas por el ladrón y las dejo apartadas, en un lugar muy húmedo, confiado en su deterioro inmediato. Parece que con el paso del tiempo las hostias permanecieron inalteradas, y este hecho hizo que la Santa Iglesia recogiera una serie de testimonios de testigos hasta declarar el suceso como un milagro en 1619. La noticia, justo cuando sucedió a finales del siglo XVI, ya corrió rápidamente entre los jesuitas y llegó a la primera gran benefactora de la iglesia y colegio de la Compañía en Alcalá, la aristócrata Catalina de Mendoza. Ella, y también su hermano Francisco de Mendoza, importante coleccionista de reliquias y arzobispo de Sigüenza, fueron dos de los primeros nobles que alentaron la devoción entre los alcalaínos y contribuyeron con sus espléndidas donaciones económicas a la construcción de una primera capilla destinada al culto a las Santas

Formas, lugar en donde pidieron ser enterrados. Desgraciadamente fallecieron a principios del siglo XVII cuando todavía no se había comenzado a construir la gran iglesia, hoy parroquia de Santa María, de la Compañía, que cobija una espléndida capilla barroca dedicada al milagro realizada años después del óbito. También a principios del siglo XVII se comenzaron a realizar procesiones en días significativos del calendario litúrgico, como el Corpus Christi, que atrajeron a visitantes y personajes ilustres y poco a poco se dio a conocer el milagro. Posteriormente, y con el fuerte impulso que se dio a la construcción de la iglesia de la Compañía de Jesús desde mediados del siglo XVII, hoy parroquia de Santa María, se creó una capilla de las Santas Formas en 1687. La ubicación, dotada de una planta de cruz griega y una exuberante decoración barroca, se completó con un ambicioso programa iconográfico en el conjunto de pinturas al fresco realizadas por el artista Juan Vicente de Ribera (1699) que aluden al hecho milagroso acaecido un siglo antes.

Los jesuitas fueron grandes difusores del valor de estos testimonios. Tenían los mejores divulgadores en cada ciudad y en sus colegiatas rurales, como la de Villargarcía de Campos. Todas las iglesias que se considerasen de importancia deberían tener reliquias que movían a la peregrinación y al fervor. Surgió este interés ya en el siglo IV para venerar restos de santos martirizados, como en la misma Alcalá o en la catedral de Huesca, los de los Santos Justo y Pastor; Sahagún, los de San Facundo y Primitivo; León, los de Santa Nonia, San Marcelo y sus hijos, etc.

Otro aspecto destacado es el de la población de la ciudad en la Edad Media y en la Edad Moderna. Perdidas las relaciones topográficas de Felipe II atinentes a la villa del Henares sobre Alcalá, sus antiguos descriptores han dado variedad de cifras: 1600 vecinos (censo de 1545), 824 (censo de la Corona de Castilla de 1646). Moncayo afirma que hay 1000 en el momento en el que redacta su texto, que sería actualizado y podría informarse debidamente, por lo que se trata de un dato importante. De las tres parroquias, la hoy llamada magistral y catedral contenía la más importante, la parroquia de los Santos Justo y Pastor, con reliquias gloriosas de los niños martirizados, restos triunfantes en el cristianismo en la etapa barroca postconciliar, que aún conservaba el «ara» en el Cielo o capilla, y otras dos parroquias, las de Santa María, en la plaza del Mercado y la de Santiago, en la calle de su nombre.

Una alusión genérica incide en la cantidad de obispos y santos que ha dado la magistral y la iglesia de Alcalá, como lugar espiritual importante. Para demostrarlo se funda en la trascendencia que, dentro de los ardores de la época en España y en Alcalá, se sentía por el inmaculismo de María: no es casual que la cite el escritor y que aproveche su texto para manifestar su apoyo a la importancia de la Virgen María, pura e inmaculada, en cuya fe y defensa, alega, se estrellan los apóstatas y sus enemigos. La presenta elegida por la universidad como «madre piadosa», en la que será nombrada patrona y directora de sus fines y logros y de sus enseñanzas, cual Minerva, diosa de la sabiduría, guerrera y defensora de las artes. No conviene olvidar que los colegios y noviciados jesuitas, a menudo, potenciaban la devoción a la Virgen a partir de creación de las cofradías de estudiantes, la mayor parte centradas en el culto a María. La Inmaculada Concepción o Purísima fue ya defendida particularmente en tierras de la península ibérica, ya, lejanamente, por el rey visigodo Wamba y, después, en la Edad Media y en la Edad Moderna, por otros monarcas; señalaremos entre los Austrias especialmente a Carlos I y a Felipe II. Más tarde, en 1760, el Papa Clemente XIII la declarará Patrona de España. Varias universidades, como las de Alcalá, Salamanca y Valladolid, en la toma de posesión de sus doctores, hacían público adoptarla como su doctora y defender su misterio. Los colegios alcalaínos cisnerianos la tenían especial deferencia y propagaron su admiración por toda la América novohispana. Su trascendencia en nuestro país fue reconocida expresamente por el Papa Pío IX en su Bula *Infabilis Deus* (1854).

No se libra tampoco de ser mencionado el defensor y «Patrón» de España, Santiago, que la ha liberado de infieles. En este periodo, artistas del Barroco recordaron su dimensión en pinturas y esculturas que se colocaron en lugares estratégicos de emplazamientos religiosos y civiles. Una de las obras más sobresalientes de este periodo, y que ilustra la singular importancia del discípulo de Jesús, es la pintura realizada por Juan Bautista Maíno, destacada figura de las artes (Pastrana, Guadalajara, 1581- Madrid, 1649) en la que aparece retratado Santiago como Patrono de España junto a Santa Teresa de Jesús.

LA CIUDAD DEL SABER Y DE LAS ÓRDENES RELIGIOSAS (CIVITAS DEI)

La universidad del saber para las órdenes religiosas, siguiendo las consignas del cardenal Cisneros que buscaba con una universidad la Reforma de la iglesia española, se constata por nuestro escritor al reseñar que en Alcalá, como pequeña ciudad de Dios, se reúnen representaciones de colegios o conventos y monasterios de diversas órdenes, como «Carmelitas, Vitorianos, del Ángel, Capuchinos, Trinitarios, Agustinos, San Juan, Dominicanos, Santo Tomás, Bernardos, Mercedarios y otros muchos» hasta diecinueve organizaciones religiosas, todas con el mayor prestigio de la época.

Destaca entre todas la Compañía de Jesús que posee el extraordinario Colegio Máximo y una espléndida iglesia trazada por el jesuita Bartolomé de Bustamante, pero empezada por el arquitecto real Francisco de Mora y construida en el siglo XVII. Ostenta abundantes servicios y una gran escalera neoclásica erigida, avanzado el siglo XVIII, por por el reconocido arquitecto Ventura Rodríguez.[3] Sus despachos y aulas fueron escenario del trabajo de los más famosos hermanos de las enseñanzas de Ignacio de Loyola, que también fuera alumno de la universidad de Alcalá. A mediados del siglo XVII, en la época en la que se escribe la semblanza de Alcalá, el centro de formación de los jesuitas se describió como «plaza de armas de la sagrada teología, presidio de la fe, archivo de los secretos misteriosos de la Sagrada Escritura, depósito de las sutilezas metafísicas».[4] Las noticias acerca de cómo llegó San Ignacio a Alcalá en 1526 y cómo se establecieron los jesuitas se describen cuidadosamente en dos manuscritos, ampliamente utilizados por varias generaciones de estudiosos: el denominado como *Anales Complutenses* y la *Historia del Colegio de la Compañía de Jesús de Alcalá*.[5] Ambas aportaciones aluden a las donaciones que los jesuitas recibieron desde mediados del siglo XVI por parte de particulares que se destinaron a la construcción y dotación del Colegio Máximo y de la iglesia de la Compañía. Una parte del legado económico y

---

[3] Rodríguez Gutiérrez de Ceballos, Alfonso. Bartolomé de Bustamante y los orígenes de la arquitectura jesuita en España. Roma : Institutum Historicum Societatis Iesu, 1967; Tovar y Martín, Virginia. «Ventura Rodríguez y su proyecto de nueva universidad en Alcalá de Henares». *Academia, Boletín de la Real Academia de Bellas Artes de San Fernando*, 54 (1982), págs. 187-238 y Rivera Blanco, Javier. «Las reformas arquitectónicas de los edificios centrales de la Universidad Alcalá en la segunda mitad del siglo XVIII: la aportación de Ventura Rodríguez», en Rivera Blanco, Javier, *III Simposio Internacional de Arte y Arquitectura universitaria Patrimonio Mundial. El cardenal Cisneros, promotor de las artes. Su legado patrimonial,* Universidad de Alcalá, 2021, p. 287-293.

[4] BNE., ms. 7899, fol. 892v, *Anales Complutenses.*

[5] Anales Complutenses: Biblioteca Nacional de España (BNE), ms. 7899; para el segundo manuscrito véase BNE, ms. 19.142 (faltan los libros XII-XIII) y RAH, ms. 9/3627 (solo los libros I-VIII); AESI-A, aquí se conservan tres tomos de «Varia Historia», *Región de España, Alcalá de Henares, C-208.*

material recibido por la Compañía fue donada por relevantes aris-
tócratas que cedieron dinero, casas y enseres de todo tipo, obras
de arte, reliquias, alhajas, libros etc. La Compañía de Jesús, gracias
a estos legados logró comprar un gran solar en la calle Libreros y
este espacio se convirtió en la ubicación definitiva del colegio y la
iglesia. De hecho, hasta 1553 utilizaron instalaciones temporales
y una capilla doméstica, pero a partir de esta fecha habilitaron un
espacio próximo a la primera sede del colegio con un acceso al
público. Leonor de Mascarenhas, destacada noble de la corte real
fue la primera patrona conocida y dotó a la capilla de un retablo
flamenco y mobiliario litúrgico, hoy en paradero desconocido. El
flujo de donaciones hacia la Compañía se hizo más intenso a finales
del siglo XVI y en las primeras décadas del siglo XVII a través de
María de Mendoza, su sobrina Catalina y dos familiares más, Iñigo
y Francisco de Mendoza.[6] El escudo de la familia Mendoza, todavía
visible hoy en la fachada de la iglesia, recuerda el espléndido legado
de las dos mujeres de la familia Mendoza, respectivamente, en 1580
y 1600. En concreto, la donación de Catalina de todos sus bienes y

---

[6] Hidalgo Ogáyar J., *El patronazgo de los Mondéjar en Alcalá de Henares reflejo del
llevado a cabo en la corte de Felipe II* en VV. AA., *El arte en las cortes de Carlos V y Felipe II,*
IX Jornadas de Arte, Madrid, CSIC, 1999, pp. 420-430; Idem., *Los Mendoza y Alcalá
de Henares. Su patronazgo durante los siglos XVI y XVII*, ed. Universidad de Alcalá de
Henares, 2002; Rubio Ávila B., *Catalina de Mendoza* en Alegre Carvajal E., Damas
de la Casa de Mendoza. Historias, leyendas y olvidos, Madrid, ed. Polifemo, 2014,
pp. 427-433; Salas Oliván J. L., *El patronazgo de Doña María de Mendoza y Doña Catalina de Mendoza sobre el Colegio Máximo de la Compañía de Jesús en Alcalá de Henares*
en Casado Arboniés M. – Román Pastor C., Fundadores y patronos universitarios,
Alcalá de Henares, siglo XVI: colegios cisnerianos, colegios-convento y colegios
seculares, Madrid, 2017, pp. 217-234; Moralejo Ortega M., The legacy of Catalina
de Mendoza to the «Collegio Maximo» of Alcalá de Henares (1600) en Borello B.
– Casella L., Paper Heritage in Southern Europe (16th to 19th Century). Cultural
Networks and individual aspirations in collecting and displaying, Ed. Routledge,
2023, pp. 19-41.

rentas a los jesuitas de Alcalá es la más generosa e importante jamás recibida en la ciudad. Destinó, en lo específico, 1500 ducados para la fábrica de la iglesia y las trazas se decidieron en Roma eligiendo, para ello, a Bartolomé de Bustamante, jesuita y arquitecto reputado. La donación incluía enseres de todo tipo, casas, tierras, libros y manuscritos también destinados a la formación de los alumnos de Colegio Máximo. Este centro fue uno de los más importantes para la formación de jóvenes de Alcalá y el colegio, tal y como nos recuerda también un manuscrito conservado en Roma, fue uno de los logros de la Compañía,[7] mientras que su actividad docente se extendió desde mediados del siglo XVI hasta 1767.[8]

Hoy, recuperada felizmente la Universidad de Alcalá, el antiguo Colegio Máximo es la sede de la Facultad de Derecho y en la iglesia está ubicada ahora la parroquia de Santa María y la capilla de las Santas Formas. Todo el conjunto es una gran obra de estilo barroco. Las riquezas de sus oratorios y claustros desaparecieron, en primer lugar, con la expulsión de los jesuitas en 1767, cuando se convirtió en la sede central de la universidad reformada por el

[7] Guzmán de P., *Historia de los colegios de la Compañía de Jesús de la Provincia de Castilla*, Archivum Romanum Societatis Iesu (ARSI), Cast. 35, I-II, s. f.

[8] Para la vida de los estudiantes en el colegio de los jesuitas de Alcalá véase Martínez de la Escalera J., *Fundación Complutense de la Compañía de Jesús* en VV.AA., La Compañía de Jesús en Alcalá de Henares (1546-1989), ed. Institución de Estudios Complutenses, Madrid, 2022, pp. 13-25. Verdoy A., *El jesuita Francisco de Villanueva (1509-1557) prototipo de un nuevo apóstol en la Castilla de la reforma católica* en Manresa, pp. 405-428; López Pego C., *Domicilios, recursos materiales y bienhechores de los jesuitas de Alcalá de Henares entre 1543 y 1633* en Anales Complutenses, 21, 2009, pp. 205-236; Idem., *La vida intramuros en el Colegio Complutense de los jesuitas entre 1.543 y 1.633* en Anales Complutenses, 25, 2013, págs. 87-120; Idem, *Datos sobre los estudiantes Jesuitas Alcalaínos, de la Universidad de Alcalá y Colegio Complutense, entre 1554 y 1633*, Anales Complutenses, 20, 2008, págs. 173-190; Idem., *Las calamidades del último año del siglo XVI en la Villa de Alcalá de Henares, vistas desde el Colegio Complutense de los Jesuitas* en Anales Complutenses, 18, 2006, págs. 265-278.

rey Carlos III. Después sufrió la invasión francesa y la desamortización del ministro Mendizábal (1836). En 1979 pasó a ser cuartel de Mendigorría y, finalmente, en 1990, fue restaurada y rehabilitada para centro universitario por los arquitectos Antonio y Ángel Fernández Alba.

La capilla de las Santas Formas Sagradas (25), excelente conjunto cupular del siglo XVII, seguía moviendo a profunda devoción en aquellos años. Mantenía la admiración generalizada porque consideraba milagrosa la incorrupción de las hostias robadas. Desaparecieron de nuevo en torno a la Guerra Civil, entre 1934 y 1936.

Otro factor barroco de gran importancia, post tridentino fundamentalmente, era el valor y el reconocimiento de los santos locales españoles, y, en este caso, de los vinculados con Alcalá, que en esta época florecieron con el apoyo decidido de Roma y de la monarquía española. Sin embargo, Roma fue sorda a la canonización de Cisneros por ser reformador de franciscanos, una suborden menos poderosa allí que la de los franciscanos ortodoxos. También se alegó contra su causa que fue excesivamente ensalzado en su ciudad universitaria y en algunos lugares de su patria antes de ser beatificado. Moncayo destaca que Alcalá tuvo numerosos «beatos» franciscanos, dos de ellos santos, San Diego y San Julián, y fray Francisco y fray Juan, incorruptos. Todos fueron de gran veneración: el primero, en todo el orbe cristiano, de manera especial en Roma (recordemos las pinturas de San Giacomo de los españoles, hoy en el Museo del Prado); el segundo, en tierras de Soria (véase libro de Carlos de la Casa y José Antonio Martín de Marco, *Beato Julián de San Agustín*, Soria, 2012).

Nos llama de manera singular la atención el hecho de que se haga destacar que la población contaba con cuatro fuentes que vincula a la mitología de Amaltea. Simboliza la fertilidad de los campos y la aportación de agua a los vecinos gracias a las avenidas de agua organizadas por Cisneros desde el siglo XVI y a la generosidad del río Henares que rodea Alcalá.

EL COLEGIO DE SAN ILDEFONSO Y LOS COLEGIOS UNIVESITARIOS

Para resaltar la importancia del núcleo insiste en que se trata de una «Corte Arzobispal», con todos sus beneficios, instituciones y personalidades, dignidades, etc., que la hacen comparable a Roma hasta ser el monte Olimpo de los dioses mitológicos, un verdadero paraíso donde se desarrolla la cultura y la literatura en sus colegios de merecida y grande fama, cual representaciones del dios Apolo (defensor de las artes, de la medicina, de la verdad, de la poesía, de la música, en definitiva de las enseñanzas que se impartían en la universidad alcalaína).

Lógicamente, al que más palabras y mejores dedica es al Colegio Mayor de San Ildefonso, del que dice que su prestigio como institución formativa es de todos conocido, así como su prudencia y valentía.

Sus grandes valores se deben al fundador Francisco Jiménez de Cisneros, cardenal de Santa Balbina en Roma (basílica que aún se conserva en el lateral oriental de la estación de Términi, con imagen de la santa, obra magnífica de Bernini). No cita el estudiante que también aspiró a ser cardenal de rango mayor, de la Basílica de los Santos Apóstoles, e, incluso, que fue papable, pero que no lo consiguió por muy poco, sobre todo por culpa del rey y emperador Carlos I, que sí potenció para el cargo a Adriano de Utrech. Resalta también que fue comandante del ejército real en la toma de Orán. Con ello, consiguió detener durante un tiempo a los musulmanes en sus intentos de saquear la costa mediterránea española. Cita su valor con la espada, su generosidad (pues fue con su dinero y el del arzobispado de Toledo con el que se realizó la expedición y la guerra), pero no el milagro que sus cronistas y biógrafos le atribuyen de detener el sol hasta conseguir la victoria sobre la ciudad africana.

A continuación, se destaca su labor como Regente (lo fue dos veces, a la muerte de la reina católica y, después, al fallecer su esposo don Fernando, hasta la llegada al trono de Carlos I). No se olvida de señalar su trascendencia en las letras y en la escritura, como autor personal, aunque no menciona tampoco su gran obra, la Biblia Políglota ni otras empresas editoriales. Eso sí, señala su vida austera y sobria, con tan extremada humildad que se consideraba asimismo «en menos que el vil». Nombró para primer rector de la universidad a Pedro del Campo, hombre de casi tantas virtudes como su maestro. Pedro del Campo incumplió el testamento de Cisneros y le levantó un magnífico mausoleo de gran soberbia por su calidad y por su disposición. El túmulo funerario de Cisneros, obra de Domenico Fancelli y Bartolomé Ordóñez, mira al público, como si estuviera ocupando un lugar privilegiado en el altar, y no al contrario, como lo harían los candidatos para acceder al cielo. Y tampoco silencia al primer alumno santo, Tomás de Villanueva, cuyo nombre consta en la que fue su casa en una placa de la calle mayor de Alcalá, y en el primer patio de la universidad, levantado ya en la sexta década del siglo XVII. Aquí, el cardenal Cisneros realizó otro milagro al salvar la vida del arquitecto Sopeña cuando se cayó de un andamio durante la construcción. De Santo Tomás es famoso su altar en la iglesia de su casa en Roma, San Agostino, y sus muchas intervenciones en Valencia.

LOS COLEGIOS UNIVERSITARIOS

En el momento de la redacción del texto, la universidad tenía cuarenta y cuatro cátedras y dos mil estudiantes, de gran categoría intelectual y prestigio en sus ramas.

De los colegios existentes, veinte eran creación del cardenal, aunque su intención primera fue crear, a imagen y semejanza de Jesucristo, el colegio Mayor de San Ildefonso; a imagen de los Apóstoles, doce colegios menores, y a imagen de los alumnos predilectos seis colegios más, según narran sus biógrafos más antiguos. Estas instituciones contribuían a extender su prestigio por la cristiandad hasta el grado de que solo mencionar sus nombres le hacían ser considerado santo al cardenal.

Menciona los más reconocidos: el Trilingüe, Teólogos, Gramáticos y Artistas, San Pedro y San Pablo. Luego, también, en segundo orden San Clemente, Manriques y Rufinos, de Lugo, de Aragón, y aún en otro nivel menor de Málaga, León y Vizcaínos, el de Mena y el del Rey (donde estudiaron grandes personajes de la corte, desde el príncipe Carlos, hijo de Felipe II al secretario del rey Antonio Pérez). Comenta que tienen 2.000 alumnos, mientras que la ciudad apenas tenía 1.500 vecinos. Esto es interesante porque, según la cita del holandés que visitó la ciudad en su viaje a España (1660-1661) Lodewijck Huygens (M. Ebbens, 2010), Alcalá contaba con un rector apellidado Bárcena, la universidad con 2.000 alumnos (aunque afirma que en otros tiempos llegó a tener hasta 10.000 estudiantes) y la población con alrededor de 2.000 vecinos.

HOSPITALES

Cuatro hospitales referencia, que atienden por caridad (gratuitamente) a los más desventurados por la pobreza, según los valores del cristianismo militante.

ESCUDO DE LA CIUDAD

Para concluir su historia, Moncayo describe las armas de la villa de Alcalá, que aún distinguen hoy a la ciudad: un castillo en recuerdo de sus murallas y de su origen de ciudad fortificada musulmana y de su nombre en árabe romantizado (Alcalá, castillo) y un manso río, el Henares, tan cantado por los poetas y escritores. Ambos son símbolos de señorío y paz, que hacen del lugar la octava maravilla, como pretendían ser adjetivadas todas las obras singulares que se levantaron o describieron en la Edad Moderna, comenzando por El Escorial, a semejanza de las siete maravillas de la Antigüedad. Mantiene la referencia a una población culta de origen romano y con una universidad reconocida en la cristiandad. Por eso su última evocación se refiere las dignas ruinas de Alcalá la vieja, pues el tiempo pasa y todo lo hace efímero.

Para concluir vuelve a mostrar su fe mariana y efectúa una alusión en la penúltima estrofa a la ermita de la Virgen de Santa María del Val, cerca del río Henares, como verdadera intercesora de quien recurre devotamente a ella.

LA BIBLIOTECA Y ARCHIVO DEL COLEGIO DE LA COMPAÑÍA

El colegio Máximo se mantuvo abierto durante el siglo XVII y casi todo el siglo XVIII hasta la supresión de la Compañía en 1767.

Manuel Moncayo se educó, junto a un elevado número de estudiantes, siguiendo las consignas de la *Ratio Studiorum*, el método de estudio por excelencia de la Compañía que animaba a los estudiantes a desarrollarse como oradores, especialistas en retórica y, en definitiva, como escritores. Se alentaba, por tanto, el ejercicio de la narrativa como parte del programa formativo de los estudiantes, como pone en evidencia la semblanza elogiando la villa de Alcalá. De hecho, el Colegio Máximo tenía, al menos, dos bibliotecas que custodiaban el material manuscrito ligado a la gestión administrativa de la institución y al trabajo escrito de los alumnos (redacciones, cuadernos, ejercicios de todo tipo y en todas las áreas científicas y humanísticas). También se custodiaban aquí un número importante de obras impresas en varios idiomas dado que las clases se impartían en latín y a las aulas llegaban alumnos de todos los territorios de la monarquía hispánica.

El espacio se mantuvo como centro reglado docente hasta 1767 y, obviamente, como centro de estudio y principal institución dinamizadora de la amplísima producción escrita de los jesuitas que abarcaba todo tipo de temáticas. Hoy, después de la traumática desaparición de los jesuitas por orden de Carlos III, y, por consiguiente, el cierre de su centro en Alcalá, los especialistas disponemos de un catálogo manuscrito de la Biblioteca principal del Colegio Máximo escrito unos años antes de la Supresión, en 1759. Se conserva en la Biblioteca Histórica de la Universidad Complutense de Madrid y aquí aparecen un gran número de referencias a manuscritos escritos por jesuitas, novicios y alumnos; es muy posible que aquí se ubicara, en primera instancia, el manuscrito con la semblanza de Manuel Moncayo que podía ser, por sus características físicas y literarias, un ejercicio de redacción propuesto en el ámbito de la docencia en Humanidades.[9]

Después de la expulsión de los jesuitas, dispuesta por el rey Carlos III, se ordenó que la riquísima biblioteca-archivo del Colegio Máximo fuera aprovechada por las autoridades académicas alcalaínas para la creación de una biblioteca general universitaria de la que carecía esta institución. Tal decisión propició la creación de un primer inventario general de papeles y manuscritos titulado *Índice de los manuscritos hallados en los aposentos, librería chica y otros lugares del colegio de Alcalá de Henares.*[10] Un segundo inventario recoge el material de archivo con el título *Descripción del archivo del Colegio que fue de los Regulares de la Compañía en la ciudad de Alcalá.* Lo encontrado aquí (papeles impresos y manuscritos, bulas, libros de estampas) se distribuía en diferentes cajones y se catalogó combinando el sistema topográfico con la obligada selección argumental.[11] En este caso para describir los contenidos se establecieron veinticinco registros o clases; en el XV, denominado como «variedad», se inventariaron reliquias, piedras, libros de música, instrumentos científicos, cabezas, estampas y medallas, objetos que, a priori, nada tienen que ver con papeles de archivo.[12] Ambos

---

[9] BUC- BH, 310. El manuscrito ha sido revisado por diferentes especialistas en Biblioteconomía y Archivística. Miguel Alonso A., *Nuevos datos para la historia de la biblioteca de la Universidad Complutense: la librería del colegio Máximo de Alcalá de la Compañía de Jesús* en Cátedra García P. – López-Vidriero Abello M. L.- de Paiz Hernández M. I., La memoria de los libros: estudios sobre la historia del escrito y de la lectura en Europa y América, Madrid, 2004, vol. 2, pp. 459-481; Miguel Alonso A., *La Biblioteca de los Reales Estudios de San Isidro de Madrid: (su historia hasta la integración en la Universidad Central)*, Madrid, Fundación Universitaria Española, 1996, pp. 75, 76, 180-183.

[10] RAH -ms. 9/2643 con una extensión de 464 páginas.

[11] RAH-ms. 9/2644.

[12] Manuscritos en el archivo-biblioteca de la Real Academia de Historia. Llegaron desde la biblioteca doméstica del Colegio Imperial de Madrid expropiada por

inventarios contienen un prólogo elaborado en el que incluyen datos acerca del mobiliario de la biblioteca. En el primer inventario no se citan los contenidos estancia por estancia, sino que se describieron libros y papeles ya separados por dieciséis temas; no se tasa, aun cuando otros emplazamientos de la Compañía sí que dispusieron de libreros que realizaron esta tarea. Se ofrece una transcripción completa de la portada y, en algunos casos, la transcripción del colofón, así como otras observaciones bibliográficas. En el caso de Alcalá, las obras anónimas se inventarían en la letra V como *Variorum Varii codices tractatusque o Varii codices anonymi scilicet.* Así mismo, los tratados y materiales diferentes de un mismo autor se ordenaron siguiendo el orden dictado por Santo Tomás de Aquino en la *Suma Teológica.* Los libros y manuscritos prohibidos no se incluyeron en el recuento general ni se depositaron junto al resto. Los manuscritos se inventariaron a partir de las *postilla*s situadas en los márgenes cuando no tenían un título específico. Las directrices generales señaladas arriba contemplaron la existencia de facticios y dispusieron que, cada bloque del volumen recibiera una mención o título individual. El inventario de Alcalá no lo hizo y optaron por la descripción de «manuscritos varios». Las mismas instrucciones habían insistido en la necesidad de inventariar todo, incluso obras de materias «indignas» tales como libros o cuadernos de sermones, apuntes de teología, artes, retórica, historia y relaciones de fiestas. Una vez concluidos los inventarios la colección de manuscritos debía entrar a formar parte de un nuevo archivo, denominado como Archivo General de Temporalidades en

---

Bartolomé José Gallardo para formar la Biblioteca de Cortes. Un análisis de los contenidos en García- Monje Carretero M. I., *Inventarios de las bibliotecas de jesuitas en la colección biblioteca de Cortes de la Real Academia de la Historia* en Cátedra García P. – López-Vidriero Abello M. L.- de Páiz Hernández M. I., La memoria de los libros: estudios sobre la historia del escrito y de la lectura en Europa y América, Madrid, 2004, vol. 2, pp. 207-227.

Madrid.[13] Los libros, en cambio, se incorporaron a la Universidad de Alcalá que no contaba, sin embargo, con una biblioteca única y general sino con varias dispersas en los distintos colegios alcalaínos.

El problema, en realidad, era doble porque se debía pensar en la adjudicación tanto del edificio como de la biblioteca, de hecho, finalmente, el Colegio Máximo se constituyó como la sede de la Biblioteca General de la Universidad al igual que sucedió en Sevilla, Granada y Santiago de Compostela. Se redactó el inventario de entrega por autores con un suplemento de obras anónimas con el título *Memoria de los libros que de las librerías y aposentos de la casa que fue de los Regulares expulsos de la Compañía extinguida de la ciudad de Alcalá de Henares.*[14] Las obras duplicadas se vendieron para la reinversión en gastos de acondicionamiento de la biblioteca o se enviaron a la nueva biblioteca pública de Toledo a instancias del Cardenal Lorenzana (1722-1804), dado que la villa de Alcalá formaba parte de la diócesis toledana. El arquitecto Ventura Rodríguez transformó el Colegio Máximo, pero no desplazó la biblioteca de su ubicación original y la ceremonia de entrega de los libros se produjo el 11 de septiembre de 1776 y se redactó un nuevo catálogo.[15] La antigua biblioteca de la Compañía estuvo en su ubicación natural hasta 1797, fecha en la que se trasladó al edificio del Colegio de San Ildefonso, mientras que el Colegio

---

[13] Tal archivo jamás se creó. Los manuscritos de la Compañía se dispersaron en varias instituciones como el Archivo de Simancas, el Archivo Histórico Nacional, la Real Academia de la Historia y la Biblioteca Nacional, tal y como hemos puesto en evidencia en este ensayo. La Restauración de la Compañía de Jesús propició la devolución de algunos papeles y/o la reordenación de documentos hoy conservados en el ARSI de Roma y en el Archivo de España de la Compañía de Jesús en Alcalá de Henares.

[14] BUC- BH ms. 344.

[15] El catálogo tenía tres volúmenes, solamente se ha identificado uno, tal y como aclara Aurora Miguel, en el Archivo Histórico Nacional: AHN, Códices, 1129B.

Máximo se adaptó para el ejército. La antigua biblioteca de jesuitas y la de San Ildefonso, que incluía una gran donación del Cardenal Cisneros se unieron y ello propició la redacción de un nuevo catálogo.[16] El periodo siguiente de la historia de esta biblioteca de la Compañía, y el que separa definitivamente su historia de Alcalá se produjo en 1836 con el traslado de la Universidad Complutense a Madrid que, como ha documentado Aurora Miguel, se produjo en condiciones lamentables. La sede elegida, por ironías del destino, fue el antiguo noviciado de la Compañía en Madrid, la misma que hoy alberga la Biblioteca Histórica de la Universidad Complutense de Madrid. El estudio comparativo de las bibliotecas de los antiguos colegios de Alcalá que confluyeron parcialmente en la actual Biblioteca Histórica de la Complutense ha demostrado que la colección de libros y manuscritos más completa y variada de las existentes fue la del Colegio Máximo. La semblanza de Alcalá de Manuel Moncayo, en este sentido, constituye uno de los testimonios olvidados hasta la fecha que nos recuerda la grandeza del pasado universitario de la ciudad. La identificación de este manuscrito pone en valor, de nuevo, la extraordinaria riqueza de las colecciones manuscritas vinculados con la historia y cotidianidad de la Compañía de Jesús en España y América que se conservan en la denominada *Biblioteca de Cortes* y en la *colección jesuitas* de la Real Academia de la Historia de Madrid.

---

[16] BUC- BH ms. 331-332.

EL ALCALÁ DE MANUEL MONCAYO

M. Vicente Sánchez Moltó

Cronista oficial de Alcalá de Henares

Esta obra de Manuel Moncayo de Molina constituye un caso inédito en la literatura complutense. No hay constancia de que se haya conservado otro texto de estas características. El valor es aún mayor ya que se trata de la creación de un estudiante de la Universidad de Alcalá, escrita en un momento en el que todavía mantenía una buena parte de ese prestigio y reconocimiento con que contó en el siglo XVI. Por esta razón, el descubrimiento por Macarena Moralejo y Javier Rivera de este manuscrito adquiere una notable importancia, al tiempo que nos descubre uno de los miles de personajes que cursaron sus estudios en la Universidad de Alcalá, del que no teníamos ningún conocimiento, ni testimonio documental ni literario.

El único paralelismo, aunque de un carácter muy diferente a éste, lo encontramos en la obra de Manuel de León Marchante, aunque este autor desarrolla su obra algunas décadas después y se sitúa en lo que se ha venido en denominar etapa ultrabarroca de la segunda mitad del siglo XVII (León, 2016: 26). De este modo, mientras que la obra del maestro León se sitúa claramente en el conceptismo, jugando con el humor y la ironía, incluso cuando trata temas religiosos y devocionales, las cuarenta octavas de Moncayo son una loa, de indudable estilo barroco, que se nos antoja excesiva en algunos momentos, pero de la que desconocemos en qué circunstancia fue concebida. Puede que para presentarla en alguna de las justas o certámenes poéticos que organizaba la Universidad en aquel tiempo, pero no se puede descartar que se tratara de un ejercicio literario en el contexto de sus estudios académicos o, simplemente, de una creación propia, sin ninguna pretensión de darla a conocer. Sea como fuere, lo cierto es que nos regala una impagable visión de primera mano de la ciudad y su universidad a mediados del seiscientos.

En la tercera octava ya deja claro Manuel Moncayo su pretensión, que no es otra más que «pintar» un «breve epítome» o compendio de Alcalá. Coincide temporalmente su obra con el interés por la historia de Alcalá que surge en aquellos momentos y de lo que una buena muestra es el conocido manuscrito de los *Annales Complutenses*, que sabemos que comenzó a escribir el doctor Gregorio Tamayo y Mendoza[17], canónigo de la Magistral, catedrático de Filosofía Moral, de Teología y de Prima de Escritura. Tras su muerte en 1635 (Delgado, 2017: 576-577), fue continuado seguramente por un prebendado de la Magistral en 1652, según atestigua una nota posterior que precede al texto. En otra nota de 1799, Juan de Santander y Pellicer nos da la noticia de que el autor de las portadas, índices y tablas fue fray Pedro de Aranda Quintanilla y Mendoza (*Annales*, 1652: 21). Debió llevarlas a cabo antes de 1650 o después de 1659, ya que en este período se encontraba en Roma como postulador de la beatificación del cardenal Cisneros (Lope, 2016: 54). En todo caso, el manuscrito se termina antes de 1665 (*Annales*, 1652: 29), quedando inconcluso.

---

[17] Aunque en la transcripción de Carlos Sáez aparece el nombre de Pedro Tamayo (*Annales*, 1652: 628), en el manuscrito original se lee claramente Gregorio Tamayo.

Comienza Moncayo su cuarta octava con una descripción del encla-
ve y paisaje de Alcalá que, de algún modo, coincide con la descripción que Robert Bargrave nos dejó de su visita, precisamente en ese
mismo año de 1654:

> *Está situada en la mitad del campo, en una llanura regada en su totalidad por el*
> *río Henares. La ciudad es tan rica, ancha, agradable y fértil, que no sólo sobre-*
> *pasa todo lo que he visto hasta ahora en España, sino que sería apreciada incluso*
> *en el mejor de los países.*

Dedica una especial atención al río Henares. Era habitual en los poetas de los siglos XVI y XVII, cuando cantaban las excelencias de
un río, compararlo con otros más famosos. En el caso del Henares,
tanto con otros ríos próximos, como el Manzanares, el Jarama o el
Tajo, como con otros más distantes, como el Arlanza, el Tormes, el
Pisuerga, el Genil o el Betis. De este modo, Moncayo lo sitúa a la altura de los peninsulares Duero y Ebro, pero va más allá refiriéndose
a otros ríos míticos, como los bíblicos Tigris y Éufrates o el italiano
Po, llegando incluso hasta compararlo con el Nilo. No fue el único,
en uno de los versos de *La Galatea* (1585) de Cervantes podemos
leer: *… y haces iguales a Henares y al Nilo*. Del mismo modo, en un
soneto que Cristóbal de Mesa dedica *A Francisco de Figueroa* en 1618,
encontramos el siguiente terceto:

> *«Por ti, divino Figueroa, Henares*
> *puede vencer en soberana gloria*
> *al Tajo, al Tibre[18], al Arno, al Rheno[19], al Nilo».*

En la misma línea, en otro poema en honor de Figueroa, en este caso
de Luis Tribaldos de Toledo: *Rendida en Arno, i Tybre la hermosura / del*
plectro a que aspiró vivo contino / de Henares boló a provar ventura.

---

[18] Tiber.
[19] Rin .

Por aquel tiempo, Alcalá aún mantenía en pie su recinto amurallado, ese mismo que había atraído la atención de los viajeros extranjeros como el portugués Rodrigo Méndez Silva (1645) o el italiano Lorenzo Magalotti que en su *Relazione del viaggio di Spagna* (1668) afirma que *en otro tiempo tuvo gran renombre por sus murallas, como ser por el proverbio aún corriente: «Alcalá de Henares, que bien pareces por tus muros, torres y capiteles*[20]. Si bien, tal y como señala Lodewijck Huygens en su *Diario del viaje* (1660-1661) *Las murallas, hechas de tapial, se han derruido en varios puntos y las sólidas torres de ladrillo también se han desmoronado en parte.*

En la muralla se abrían nueve puertas, una más de las que refiere Moncayo, algunas más portillos que puertas, propiamente dichas, que eran: Madrid, San Bernardo (que había sustituido en 1618 a la puerta de Burgos), Rastro Viejo (o de la Cruz Verde), Santiago (antigua de los Judíos), Mártires (de Guadalajara, hasta 1568), Tenerías (o Aguadores), Nueva (abierta cuando se derribó parte de la muralla para recibir al cardenal Cisneros tras la toma de Orán), del Vado y Santa Ana. Pero ya en la primera mitad del siglo XVI la ciudad se ensancha y se erigen extramuros dos nuevos barrios, uno en la zona norte con la calle Empedrada (hoy Don Juan I) como eje principal, y otro, en el este, a ambos lados de la calle Ancha (hoy Teniente Ruiz).

Además, contaba con una muralla interior, con su correspondiente puerta de acceso a la albacara, que servía de protección al alcázar de los arzobispos de Toledo, levantada en el último cuarto del siglo XIV por iniciativa del arzobispo Pedro Tenorio (1377-1399).

Señores de Alcalá y de su Tierra, los arzobispos de Toledo convirtieron a Alcalá a principios del siglo XIII en su segunda residencia. El alcázar inicial fue creciendo y engrandeciéndose en los dos siglos siguientes merced a las diferentes intervenciones de los prelados, que

---

[20] Debe entenderse chapiteles.

construyeron el denominado gran salón de concilios y la torre del ochavo. Pero la transformación definitiva en un palacio renacentista tendrá lugar durante los mandatos de los arzobispos Alonso de Fonseca (1524-1534) y Juan Pardo Tavera (1534-1545), cuando se levanta un conjunto de patios con columnas y se construye una escalera monumental, así como la denominada galería porticada del jardín de vicario, todo ello obra del arquitecto Alonso de Covarrubias. Igualmente, se levanta una nueva fachada, sobre la que campeaban las armas de Fonseca y el escudo imperial de Carlos V, sustituido en el siglo XVIII por otro en terracota del cardenal Luis Antonio de Borbón, de proporciones ciertamente desmesuradas.

A mediados del siglo XVII, tal y como indica Moncayo, la habitaban mil vecinos (unos cuatro mil quinientos habitantes), además de un importante número de religiosos y religiosas y alrededor de dos mil estudiantes. Contaba con tres parroquias, la de los Santos Justo y Pastor, las más antigua, erigida sobre el lugar donde fueron degollados y sepultados allá por el año 304 dos niños durante una de las persecuciones contra los cristianos. Enterramiento que un siglo después localizaría Asturio Serrano, erigiendo sobre él un pequeño santuario y convirtiendo a Complutum en sede episcopal. Moncayo refiere la leyenda de que la piedra martirial, sobre la que habían quedado grabadas las rodillas de los mártires, exudaba un aceite que se consideraba milagroso.

Como es sabido, Cisneros quiso que hubiera una relación muy directa de la Magistral con la Universidad de Alcalá, de forma que el abad de la primera era así mismo el cancelario o chanciller de la segunda, además de que para ser canónigo era preceptivo ser doctor en Teología. Esto explica la circunstancia que destaca Tamayo de que muchos de sus prebendados llegaron a ser obispos y, aunque no lo mencione, también arzobispos: Fernando Valdés (Elna, Orense, Oviedo,

León, Sigüenza y arzobispo de Sevilla), Gaspar de Quiroga (Cuenca, arzobispo de Toledo), Cristóbal de Guzmán Santoyo (Palencia y arzobispo de México), Juan Mohedano (arzobispo de Rabelo), Pedro Ruiz de Valdivieso (arzobispo de Mesina y de Orense), Diego Ros y Medrano (electo de León y de Plasencia, electo arzobispo de Compostela), Juan García de Valdemora (Lugo y Tuy), Pedro de la Gasca (Palencia y Sigüenza), Lorenzo Asensio de Otaduy (Lugo y Ávila), Juan Sánchez Duque de Estrada (Guadalajara-México y Trujillo-Perú), Francisco Pérez Roy (Perpiñán-Elna y Guadix, electo de Vic), Cristóbal Cámara y Murga (Canarias y Salamanca), Francisco Martínez (Cartagena y Jaén), Diego Castejón y Fonseca (Lugo y Tarazona), Pedro Ponce de León (Ciudad Rodrigo y Plasencia), Juan García Redondo (Almería), Alonso Delgado (Astorga), Antonio de Torres (Astorga), Rodrigo Gutiérrez de Rozas (Canarias), Andrés de Cuesta (León), Francisco Trujillo (León), Juan Ruiz de Villarán (Lugo), Bernardo Antonio Calderón y Lázaro (Osma), Martín Garnica (Osma), Juan de Pereda y Gudiel (Oviedo), Luis de Tena Castro (Tortosa), Sebastián de Lartaun (Cuzco, electo de Cuenca), así como otros muchos que no tomaron posesión o renunciaron al nombramiento (Delgado, 2017).

La segunda parroquia era la de Santa María la Mayor, creada en el siglo XIII y trasladada a mediados del siglo XV por el arzobispo Alonso Carrillo de Acuña a la iglesia de San Juan «de los caballeros», en la plaza del Mercado (hoy de Cervantes). La tercera de las parroquias era la de Santiago «Matamoros», que erigió Cisneros en 1501, reconvirtiendo la antigua mezquita, ubicada en la esquina de las calles del Rastro Viejo (hoy de Diego de Torres) y de la Morería, que desde entonces adoptó el nombre de la nueva parroquia. Demolido el edificio en 1600, sobre el solar se levantó un templo de estilo barroco clasicista, hasta que la piqueta especulativa lo convirtió en un solar en 1965.

A mediados del siglo XVII Alcalá contaba con diecinueve conventos de religiosos, la mayoría con la condición de colegios-convento, a excepción de los de Santa María de Jesús, Carmen Calzado y Santo Ángel, éste levantado extramuros, que eran exclusivamente conventos. Con posterioridad a la obra de Tamayo se fundarían los de San Basilio Magno y el Oratorio de San Felipe Neri.

Dedica una especial atención al Colegio Máximo de la Compañía de Jesús y a su «hermosa» iglesia, concluida en 1625. Aquí se detiene en la historia de las Santas Formas, uno de los símbolos de identidad religiosa y devocional de la ciudad. Entregadas por un morisco al padre Juárez en 1597, ante la sospecha de estar envenenadas, se depositaron en un sótano húmedo. Dos décadas después permanecían incorruptas, proclamándose el milagro en 1619, siendo expuestas al culto. A partir de 1626, año en el que ayuntamiento hizo un voto público, comenzó a celebrarse una gran procesión, a la que en ocasiones asistió la familia real. En 1687 se erigió una capilla anexa a la iglesia de la Compañía donde fueron veneradas hasta la expulsión de los jesuitas en 1767, trasladando su culto posteriormente a la Iglesia Magistral, donde se continuó celebrando su fiesta hasta que, unos días antes del estallido de la Guerra Civil, se ocultó y desapareció la custodia con las Santa Formas.

Además contaba con ocho conventos femeninos: tres de franciscanas (Santa Clara, San Juan de la Penitencia y Santa Úrsula), dos de carmelitas (Purísima Concepción o de la Imagen y Corpus Christi o de Afuera), uno de cistercienses (San Bernardo), uno de agustinas (Santa María Magdalena) y uno de dominicas (Santa Catalina de Siena), aunque Tamayo cuenta diez, probablemente porque incluyó la Casa de Recogidas de Nuestra Señora de la Consolación, fundada en 1618 y quizás el colegio de doncellas de Santa Isabel, aunque no hay constancia documental de que siguiera funcionando a mediados del siglo XVII. El Colegio de Doncellas Pobres de Santa Clara, hoy monasterio de clarisas de San Diego, no se fundaría hasta 1671.

También se refiere a los que denomina cuatro «santos» «beatificados» de la orden de San Francisco. San Diego, fallecido en Alcalá en 1463 y canonizado en 1588, es el único de los cuatro que fue declarado santo por la Iglesia. En la iglesia del monasterio franciscano de Santa María de Jesús se erigió una capilla de patronato real para albergar su cuerpo incorrupto, considerada como una de las obras más importantes y suntuosas del barroco español, lamentablemente demolida en el siglo XIX para erigir un establecimiento militar. Julián de San Agustín, igualmente fallecido en el mismo monasterio en 1606, cuyo proceso de beatificación culminó en 1825. Lope de Vega dedicó a ambos sendas comedias: *San Diego de Alcalá* (1613) y *El saber por no saber y vida de San Julián de Alcalá de Henares* (1638). Mucho menos conocidos son los dos restantes. Fray Francisco de Torres, natural del hoy despoblado de Bujés, en Meco, tuvo a lo largo de su vida fama de milagrero, sobre todo con las doncellas. Falleció en 1580, iniciándose su proceso de beatificación en 1628 (Rojo, 1663; 362-367). El último de los referidos por Moncayo es el lego fray Juan Gómez, llamado el «Hortelano», por desempeñar esta tarea en el monasterio de Alcalá. En varias ocasiones fue requerido a palacio con motivo de alguna enfermedad de los miembros de la casa real, entre ellos Felipe IV, cuando era príncipe. Falleció el 17 de septiembre de 1617. Su cuerpo incorrupto y su fama de milagrero hizo que se iniciara en 1629 su proceso de beatificación (Rojo, 1663; 386-396).

Las cuatro fuentes públicas que menciona Moncayo son las mismas a las que Rodrigo Méndez Silva se refirió en 1645. Las dos más antiguas se deben a la iniciativa del cardenal Cisneros y estaban ubicadas en la plaza del Mercado y la plaza de san Justo o del Piojo[21] (Lledó, 2021: 117). Posteriormente, el arzobispo de Toledo Gaspar de Quiroga costeó en 1594 una tercera fuente que se situó en la plaza de Palacio (Lledó, 2021: 118). La cuarta, y última, se levantó en 1629 fuera de la puerta de Mártires (Lledó, 2021: 120).

Como estudiante de la Universidad de Alcalá, Moncayo presta una especial atención a sus colegios, comenzando por el Mayor de San Ildefonso, fundación cisneriana y en el que radicaba la sede de la Universidad. Aprovecha para referir los valores del fundador, Francisco Ximénez de Cisneros, arzobispo de Toledo, cardenal de Santa Balbina, conquistador de Orán y gobernador de España.

Llama la atención el trato que concede a su primer rector, Pedro del Campo, que en 1516 fue nombrado obispo titular de Útica (en la actual Túnez) y auxiliar de Toledo. Como no podía ser de otra manera, se refiere a santo Tomás de Villanueva, el primer colegial que fue elevado a los altares, siendo beatificado en 1618 y canonizado en 1658, Esta circunstancia fue la que decidió al Colegio Mayor a dar a su primer patio monumental, que se encontraba en proceso de construcción en aquel momento, el nombre de santo Tomás. Pese a que Moncayo ya le da el tratamiento de santo, cuando escribe estos versos aún faltaban cuatro años.

De la Universidad afirma que mantenía cuarenta y cuatro cátedras, siendo frecuentada por dos mil estudiantes. Menciona los siete colegios para estudiantes pobres fundados por Cisneros (uno de ellos el hospital de San Lucas), refiriéndose a los estudios de lenguas, teología, gramática, artes y el de San Pedro y San Pablo para religiosos

---

[21] Llamada así por su pequeño tamaño. Lledó confunde la plaza de San Justo o del Piojo con la plaza de Abajo. La primera estaba situada entre las calles de la Tercia y de los Coches (actual Cardenal Cisneros), mientras que la segunda se encontraba entre las calles Mayor, San Felipe y Escritorios.

franciscanos. Yerra al incluir entre ellos al Colegio de San Jerónimo o Trilingüe, de fundación posterior a Cisneros, ya que comenzó su andadura en 1528, por iniciativa del entonces rector Mateo Pascual (Ballesteros, 2012: 68-69). Igualmente, se refiere a los colegios de fundación particular, de los que dice que son doce, aunque sólo menciona a diez: San Clemente o de los Manchegos, Santiago o de los Manriques, Santa Justa y Rufina o de los sevillanos, San Jerónimo o de Lugo, San Martín y Santa Emerenciana o de Aragón, San Ciriaco y Santa Paula o de Málaga, Santa María de Regla o de León, San Juan Bautista o de los Vizcaínos, el de San Cosme o San Damián o de Mena y el de San Felipe y Santiago o del Rey. Omite tres colegios activos a mediados del siglo XVII, como los de los Santos Justo y Pastor o de Tuy y San Jorge o de los Irlandeses, aunque más extraño resulta no haga referencia a uno de los más importantes, el de Santa Catalina o de los Verdes.

La circunstancia de que en la relación sitúe en primer lugar al colegio de los Manchegos no es baladí, sobre todo si tenemos en cuenta que, tal y como él mismo se declara, era natural de Villaescusa de Haro, en la actual provincia de Cuenca. Fundado en 1589 por el que llegaría a ser arzobispo de Toledo, García de Loaysa (Ruiz, 1999: 69), si bien sería refundado en 1620 por Sebastián Fernández de Tribaldos. En sus constituciones de 1636 se establece *que los colegiales de elección sean naturales del Obispado de Cuenca, Maestrazgo y Priorato que hay en La Mancha* (Ruiz, 1999: 98). De este modo, en el siglo XVII nos encontramos con varios naturales de Villaescusa de Haro cursando estudios en la Universidad de Alcalá: Lucas de Muguerza, Diego Suárez de Figueroa, Miguel Carrillo de Peralta, Juan López de la Torre, Francisco y Juan Ramírez de Arellano o Lorenzo Roa. Pese a que no se ha conservado la información genealógica, imprescindible para acceder al Colegio de San Clemente, es muy probable que Manuel de Moncayo fue uno de sus colegiales. Esto no es contradictorio con que, posteriormente, cursara estudios de Teología en el Colegio Máximo de la Compañía de Jesús.

La asistencia hospitalaria en Alcalá de Henares estaba cubierta por los cuatro hospitales a los que se refiere Moncayo. Los más antiguos eran el de Santa María la Rica, documentado ya en 1322, y el de Nuestra Señora de la Misericordia o de Antezana de 1483, ambos fundados por iniciativa particular y cuya administración y gestión estaba bajo el patronato de un cabildo o cofradía. El de San Lucas y San Nicolás para estudiantes pobres, lo dejó establecido Cisneros en las constituciones de los colegios menores de 1513 (Sánchez, 2012: 93), pero no se puso en marcha hasta que el maestro Angulo donó cinco pares de casas para tal fin en 1540 (Sánchez, 2012: 97-98). El más reciente era el convento hospital de San José, de la Orden de San Juan de Dios, fundado en 1635 (Sánchez, 1997: 130-138).

De todas las ermitas, tanto las situadas intramuros como extramuros de la por entonces villa, a la única que hace mención es a la de la Virgen del Val, seguramente porque le resultaba bien conocida, ya que era lugar al que acudían los estudiantes en su festividad. Unos años antes, en 1624, Juan Pérez de Montalbán en *La fuerza del desengaño* se había referido a ella en estos términos: *y quiso que fuese la boda en una ermita, que llaman Santa María del Val, devoción y holgura de aquella villa.*

No falta una descripción del escudo de armas de Alcalá, documentado al menos desde el siglo XV, que coincide con la que de Juan Blaev de 1672: *tiene por armas un castillo con las aguas del río al pie.* Así se puede ver en las puertas de la ermita de Santa Lucía o en uno de los capiteles de las casas del Concejo en la plaza de Cervantes. Concluye sus versos con una referencia al castillo de Alcalá la Vieja, ya abandonado y en proceso de ruina por aquel tiempo, si bien seguía manteniendo alcaide.

EL TEXTO DE MANUEL MONCAYO: ANÁLISIS Y COMENTARIOS

Juan Francisco Peña Martín

Dr. en Filología Hispánica, miembro del Instituto Universitario de Investigación «Miguel de Cervantes» y profesor honorífico de la Universidad de Alcalá

Descripción de la Villa de Alcalá de Henares que hizo Don Manuel Moncayo de Molina, natural de la Villa de Villaescusa de Haro, siendo cursante en ella, de edad de 18 años. Año de 1654. En octavas.

Este texto poético, descubierto por la profesora Macarena Moralejo Ortega de la Universidad Complutense de Madrid, es una inmersión en el universo alcalaíno en un momento en el que todavía estamos viviendo una época dorada de nuestra Universidad y el Siglo de Oro de nuestras letras.

El recorrido que hace este estudiante por los diferentes aspectos de la ciudad y de la Universidad demuestra no solo conocerlos bastante bien sino vivirlos con plena emoción. Solo desde esa emoción es capaz de redactar cuarenta octavas reales para describir con entusiasmo los aspectos más significativos y los personajes más relevantes de la historia de la Universidad.

En 1654 estamos en los momentos finales de nuestro Siglo de Oro. En 1635 ha muerto Lope de Vega, en 1645 fallece Quevedo y en 1648 Rojas Zorrilla y Tirso de Molina. Tenemos todavía en plena vena creativa a Calderón de la Barca. En 1636 ha escrito *La vida es sueño* y en 1651 *El alcalde Zalamea.* Baltasar Gracián publica en 1653 la segunda parte de *El criticón,* una de sus obras fundamentales, y el escritor asentado en Alcalá, Manuel de León Marchante, se gradúa en artes en la Universidad de esta ciudad en 1653. Es probable, entonces, que nuestro poeta, Manuel Moncayo, y el abate Manuel de León se conocieran en Alcalá.

Por estos años, muerto ya Góngora en 1627, la influencia de su estilo ha marcado el de varios autores posteriores como Gabriel Bocángel (1603-1658) o Pedro Soto de Rojas (1584-1658). La huella de Góngora se puede ver en algunos de los versos de estas octavas como se deduce del uso de hipérbatos, referencias mitológicas y algunas construcciones sintácticas. Sin embargo, no hay problema en seguir con facilidad el discurso.

El poema es un largo panegírico en alabanza de la ciudad de Alcalá y de su Universidad en el que incluye referencias concretas a algunos personajes como el cardenal Cisneros o el primer rector Pedro del Campo.

Comienza con unos versos obligados en que pide ayuda a las musas para escribir con acierto. Pasa después a describir la ciudad de Alcalá y se detiene en el río Henares al que dedica dos estrofas. Continúa haciendo un recorrido por los diversos espacios de la ciudad: el palacio arzobispal, los templos y las parroquias. Se detiene de forma especial en la iglesia de Santa María, levantada por los jesuitas. Al fijarse en la Universidad, le dedica una estrofa a su fundador, el cardenal Cisneros, pero sin citarle. Enumera varios de los conventos de Alcalá y se detiene especialmente en el de los jesuitas. Después expone el milagro de las Santas Formas y cita a los que llama los «cuatro» santos de Alcalá, aunque en verdad este título solo lo detenta san Diego. Los conventos, las fuentes, el palacio arzobispal... nos van mostrando los espacios de la ciudad. Se para después en los colegios y entre ellos destaca de forma especial al Colegio Mayor de San Ildefonso. Tres estrofas dedicará al cardenal Cisneros encumbrado como figura suma de la Universidad; pero no faltan las referencias a Pedro del Campo, como primer rector y al primer estudiante que fue santo, santo Tomás de Villanueva. Se detiene después en los Colegios, a los que dedica otras tres estrofas y termina con una alusión a la ermita de la virgen del Val y una preciosa octava en la que funde el pasado del antiguo castillo con una imagen del brillo de la naturaleza.

La estrofa decimoctava es una ardorosa loa a la Compañía de Jesús. En una de las capillas de la iglesia de la Compañía, en la actual calle Libreros, se conmemora el milagro de las Santas Formas, al que dedica la estrofa siguiente.

No tenemos datos, pero a tenor de la importancia que da a esta orden, es casi seguro que Moncayo fuese uno de los estudiantes del colegio de los jesuitas pues su manuscrito de la Real Academia de la Historia ha aparecido entre los documentos que proceden de la biblioteca del Colegio Máximo de los jesuitas de Alcalá.

La octava real es una estrofa compuesta por ocho versos endecasílabos con rima consonante A-B-A-B-A-B-C-C. Fue introducida en España por Juan Boscán, como otras varias que proceden del mundo del renacimiento italiano. Será Bocaccio, quien la incluya en la lírica italiana a partir de algunos precedentes que aparecen en la lírica medieval del XIII en Sicilia, como indica Navarro Tomás. Después será empleada, entre otros, por Ludovico Ariosto en _Orlando furioso_. Como la lira y el soneto, será Garcilaso de la Vega quien alcance la perfección de la octava en sus famosas églogas. A partir de ahí, la octava se generaliza y la emplean casi todos los autores de nuestro Siglo de Oro. Lope de Vega, por ejemplo, escribe en octavas sus largos poemas mitológicos _La Filomena_ o _La Circe_ y muchas otras composiciones. Y en octavas escribió Góngora su _Fábula de Polifemo y Galatea_ obra que, sin lugar a dudas, había leído el estudiante Manuel Moncayo. También Quevedo utiliza la octava real en el _Poema heroico a las necedades y locuras de Orlando enamorado_ y el conde Villamediana la emplea, siguiendo a Góngora, en sus composiciones _La fábula de Faetón_ y _La fábula de Dafne y Apolo_.

A partir de ahí, la octava real tiene un ritmo solemne marcado por el endecasílabo y la rima consonante, cerrado armoniosamente con el pareado final.

✳✳✳✳

A continuación, se transcriben todas las estrofas a un castellano actual y se expone un breve comentario de cada una de ellas destacando los aspectos más relevantes para facilitar su comprensión y lectura.

> 1
> Cansada mi Talía, en metro grave
> la cítara de Apolo a pulsar llega,
> doradas cuerdas, plectro tan suave,
> que en mar de admiración la suya anega,
> numen mayor a mi discurso agrave.
> Si el perenne cristal su acento niega,
> invoco tu favor, sagrado Apolo,
> porque llegue del uno al otro polo.

Antes de comenzar cualquier empresa poética es tradicional encomendarse a las musas y dioses del Olimpo para alcanzar la inspiración necesaria. En este caso, el autor alude a Talía, la musa del teatro, a la que deja para invocar a Apolo, el dios del arte y de la poesía, al que se representa con una cítara componiendo canciones. A él le pide el poeta la expansión universal de su creación.

> 2
> Humilde descripción a tanta alteza
> cobarde animaré toscos pinceles,
> que al pintar tan magnífica belleza
> es corto dueño un remontado Apeles,
> pero grata dedica mi simpleza.
> Afecto y voluntad, ánimos fieles,
> sin obra, voluntad afecto cobra,
> y así dedico voluntad sin obra.

En la segunda estrofa, en un juego de las antítesis e hipérbatos propios del barroco, contrapone la «humildad» de su palabra frente a la «magnífica belleza» del objeto de su poesía. Apeles fue un pintor de la antigüedad, citado por muchos autores del XVII. Cervantes, por ejemplo, en el Quijote, lo cita dos veces. En casa de los duques, en el capítulo 32 de la segunda parte, la duquesa insta a don Quijote a que describa Dulcinea y este dice que solo los «pinceles de Parrasio, de Timantes y de Apeles» podrían pintarla. También Lope lo cita en varios escritos.

En los últimos versos de esta estrofa utiliza el juego de palabras —*voluntad, afecto*— para indicar que su voluntad es mayor que la obra, todavía sin escribir.

3

Breve epítome, y así corta summa
pintaré de Alcalá no retocado,
si un borrón imperfecto de mi pluma
con toscas apariencias animado
sin que la vanidad jamás presuma
desvanecida, premio levantado,
porque a quien es humilde, y ha de serlo,
mal puede la soberbia engrandecerlo.

Va a pintar a Alcalá de forma resumida –*epítome, corta summa*– pero con la mayor precisión posible dentro de la humildad de su empeño. La referencia a la humildad es otro tópico de la creación poética: el autor pide perdón por los posibles errores, *borrón imperfecto de mi pluma*.

4

En apacible sitio está fundada,
de una hermosa llanura engrandecida,
de opacas arboledas adornada,
y de hermosos bosques guarnecida,
de Henares cristalino aprisionada,
con grillos de cristal tan oprimida,
que con cadenas de luciente plata
en calabozo breve, los pies le ata.

Alcalá se encuentra en una llanura regada por el río Henares. Su descripción usa los tópicos del renacimiento de Garcilaso: las *opacas arboledas*, el agua cristalina, que moja los pies con *luciente plata*. Los epítetos embellecen el paisaje.

Las reiteradas metáforas que aluden a la idea de cárcel –*aprisionada, grillos, cadenas, calabozo*– destacan cómo el Henares rodea la ciudad con su barrera pero la suavidad de su cerco queda potenciada con los adjetivos que los califican: *de cristal, luciente plata, breve.*

5

Después de Hipocrene, río hermoso,
espíritus infunde del Parnaso,
y Musas, en su asiento generoso,
gustan cristal perenne del Pegaso,
pues coronando ya su centro undoso
imperios apacibles del Caucaso,
mereciendo su numen la corona,
Henares es verdad, miente Helicona.

En esta estrofa, típicamente gongorina, el poeta presume de su amplio conocimiento de la cultura y la mitología clásicas. Hipocrene, «la fuente del caballo», mana del golpe que da el caballo Pegaso con la pezuña sobre la roca del monte Helicón, en el Cáucaso. Alrededor de esta fuente se reunían las Musas a cantar y bailar. El río Henares es el verdadero espacio de las Musas, y no el monte Helicón.

6

Con puente y barca Tigris se acredita,
Éufrates de arboledas se guarnece,
por los bosques también a Duero imita,
y al Po por lo espacioso se parece,
del Ebro amenidades solicita,
nombre de Nilo su caudal merece.
Entre ríos, caudal, bosques amenos,
Henares es lo más, lo más menos (sic).

El repaso que hace de los ríos abarca los espacios de la tradición bíblica –*Éufrates* y *Tigris*–, los ibéricos *Duero* y *Ebro*, el romano *Po* y el caudaloso *Nilo*. Los dos versos finales resumen las principales características de todos ellos a los que supera el Henares, expresado a través en una hipérbole barroca. Se sobreentiende que en el último verso el significado es *lo más* [al] *menos*, porque también lo pide la medida del verso.

>7
>
>Caduca ruina y a lo que antes era
>barbacana segura, cerca fuerte,
>porque el siglo veloz en su carrera
>no reserva edificios de la muerte,
>bien que aun en sus cenizas reverbera
>vislumbres de su luz en cualquier suerte,
>pues quien siempre altiveces ha tenido
>aun en la muerte dice lo que ha sido.

Las murallas de la ciudad, antes fuertes, ya se van desmoronando. Nos recuerda el famoso soneto de Quevedo *Miré los muros de la patria mía*. El *siglo veloz*, el tiempo, todo lo lleva hacia la muerte. Sin embargo, en este caso, las *altiveces*, la grandeza del pasado es capaz de superar a la muerte. Para expresarlo, el poeta usa, admirablemente, un continuo juego de verbos en presente, *reverbera*, y en pasado, *ha sido*.

>8
>
>Ocho puertas abrazan prodigiosas
>la distancia de muros dilatados
>todas las calles bellas, y espaciosas,
>torres y chapiteles levantados
>tan eminentes, tan maravillosos

que con sus puntas dan al sol cuidados,
temiendo no le escalen por ventura
el imperio feliz de su hermosura.

Ocho puertas, calles espaciosas y torres van mostrando la belleza de la villa. La hipérbole final compara la hermosura de los chapiteles (piezas arquitectónicas que rematan las cúpulas y la torres) con la perfección del sol.

9
Un Palacio Imperial, cuya grandeza
de Dédalo excedió la arquitectura
donde unió juntamente la destreza
el valor, artificio y hermosura.
Laberinto mejor su fortaleza,
donde el temor cuidados asegura,
pareciendo a la vista y el desvelo
por afuera Alcázar, y por dentro cielo.

Destaca la descripción del Palacio Arzobispal, que llama Imperial por haber sido habitado con frecuencia por los reyes. Incluso el que fuera emperador Fernando, hijo de Carlos I, nació en este espacio. Lo compara con el laberinto de Creta, construido por el arquitecto mitológico Dédalo. Además de la calidad del *artificio*, el autor resalta su función como fortaleza con una preciosa antítesis *fuera-dentro / alcázar-cielo*.

10
Graves templos, lucidos santuarios,
conchas que siempre guardan perlas finas
siendo todas del cielo relicarios,

y de la tierra flores peregrinas
donde encierran preciosos los sagrarios
de las Santas Reliquias tan divinas
que admiran todos con devoto celo.
¡Cualquier pequeña iglesia, gran cïelo!

Las iglesias, muy abundantes en esa época, son esclarecidas, sobre todo, por sus reliquias. En los siglos XVI y XVII había un notable mercado de reliquias y toda iglesia que se preciara debía disponer de las suyas. La medida del endecasílabo fuerza la diéresis de *cielo*. La estrofa se estructura sobre la antítesis tierra, *iglesia*, y reliquia, *cielo*.

11
Mil vecinos la habitan divididos
en tres parroquias: una de los Santos
Mártires Justo y Pastor, que teñidos
los cuellos con su púrpura de tantos
mártires victoriosos, y vencidos
triunfaron, padeciendo mil quebrantos,
dejando con valor allí perdidas
por la fe las haciendas y las vidas.

De las tres parroquias, destaca la de los santos Justo y Pastor. La metáfora *teñidos / los cuellos con su púrpura* alude a la degollación que sufrieron por el pretor romano Daciano. Vuelve emplear la antítesis como forma de expresión poética al contraponer los términos *victoriosos-triunfaron* frente a *vencidos*.

12
Cuya Iglesia los cuerpos atesora
en su cielo, Capilla o Paraíso

adonde está una piedra que evapora
milagroso licor, sudor remiso,
ara del sacrificio valedora,
donde en víctima fiel su afecto quiso
morir juntos mostrando con desvelo
ser piedra en la constancia de su celo.

Ahora es la *piedra* el símbolo que emplea para indicar la inmortalidad de los santos. La piedra sobre la que fueron decapitados, y que se conserva en la Magistral, se identifica con la constancia, la perseverancia en el mantenimiento de la fe.

13
De dignidades centro laureado
donde tantos obispos han salido
que la fama en su fama han levantado
aplausos que afamado, y merecido;
mas aunque vuela, corta se ha quedado
porque más que a la fama ha suspendido.
Pues aunque a sus blasones grata cela
mas con las plumas de su ingenio vuela.

Esta compleja estrofa juega con varias figuras literarias: por un lado, la redundancia de la *fama* le sirve para destacar la importancia de los obispos que han salido de esta iglesia, la Magistral. Por otra parte, la antítesis contrasta el sentido de la fama terrestre y la superior de la inteligencia. La primera queda impresa en los blasones grabados. La *grata* es una escobilla de metal que sirve para bruñir y con ello se *cela*, se graba o se destaca lo grabado en los blasones. La segunda *fama* se eleva, *vuela,* a través de la inteligencia y el ingenio.

14

Es la otra de aquella Virgen pura,
María la mayor de tierra y cielo,
espejo cristalino de hermosura,
donde aclara las sombras del recelo,
deslumbrando del todo a quien procura
ponerle oscuridades con desvelo,
pues que desmiente apóstatas ensayos
porque son pocas nubes a sus rayos.

Se refiera a la iglesia-parroquia de Santa María la Mayor, de la que hoy en día solo quedan las ruinas. La referencia a la Virgen María se muestra con la tradicional metáfora de la luz y superación de las *oscuridades* con sus *rayos*. Estas *oscuridades* se refieren a la postura de los protestantes luteranos –*apóstatas ensayos*– que ponen en entredicho el papel de la Virgen y, sobre todo, el dogma de la Inmaculada Concepción.

15

La más antigua de Alcalá nombrada
de la Universidad madre piadosa.
La Minerva de ciencias laureada,
amparo de afligidos generosa,
la luna de hermosura no eclipsada
y del huerto de Dios fragante rosa,
María, de la fe fuerte columna,
madre ampara Minerva rosa luna.

Sigue destacando la figura de la Virgen y la relaciona con la Universidad por medio de la identificación con la diosa Minerva. A partir del XVI es muy frecuente la lectura de la mitología desde una perspectiva religiosa de los mitos. Algunos de los autos sacramentales de Calderón proceden de la mitología clásica, como *El divino Orfeo*. La identificación de la Virgen María con Minerva forma parte de la tradición religiosa. Ambas son los símbolos de las madres protectoras de todas las religiones, como la Isis egipcia. En Roma hay una iglesia dedicada a la Virgen construida sobre un templo romano dedicado a Minerva: *Santa María sopra Minerva*.

La figura de Minerva es una de las imágenes destacadas de la fachada de la Universidad. En el tercer nivel, a ambos lados del escudo imperial, se muestran las dos representaciones típicas de Minerva: la guerrera y la sabia. La primera, a la izquierda del escudo mirando de frente, empuña la lanza y muestra la cabeza de la Medusa que le ha regalado Perseo. En el otro lado, la Minerva sabia levanta una pluma y sobre su brazo se apoya el búho, símbolo de la sabiduría. La Universidad se encuentra bajo la protección de Minerva/María.

16
Obra de aquel que armado en la campaña
contra infieles su espada valerosa
tinta en su sangre, fue defensa de España
libre por él de gente perniciosa.
Y desde entonces para más hazaña
le apellidan Patrón con pompa honrosa
pues cuando Santidad la defiende,
la borrasca del tiempo no la ofende.

No queda claro en esta estrofa si Moncayo se refiere al cardenal Cisneros o al apóstol Santiago o, en el fondo, busca realizar una fusión de ambos personajes. Santiago, según la leyenda, ayudó a las tropas cristianas en la batalla de Clavijo, en el año 844. A esa intervención parece referirse en los primeros versos, pero también Cisneros fue un defensor de la fe contra los musulmanes organizando la campaña de Orán. Y quien construye la *obra* de la Universidad es el propio Cisneros. Los términos *Patrón* y *Santidad* se refieren directamente a Santiago, pero se intuye un intento de vincular al santo con Cisneros. La *santidad* supera *las borrascas del tiempo.*

17
Diecinueve conventos tiene varios
como son Carmelitas, Victorianos,
del Ángel, Capuchinos, Trinitarios,
Agustinos, San Juan, Dominicanos,
Santo Tomás, Bernardos, Mercenarios (sic).
Y otros muchos, que son intentos vanos
querer hacer de sus prodigios suma
con el cobarde curso de una pluma.

La enumeración de conventos es el indicativo de la importancia de esta ciudad y de su Universidad. Con *Victorianos* se refiere al convento de mínimos de Nuestra Señora de la Victoria. Y aunque en el texto pone claramente *mercenarios,* no cabe duda de que alude al convento de Nuestra Señora de la Merced o Mercedarios, dedicados a la liberación de cautivos.

18
La Compañía, que es cielo abreviado,
su hermosa iglesia con primor labrada
de lo compuesto, y bien perfeccionado,
de preciosas riquezas adornada.
De suntuoso aplauso celebrado,
de bellas eminencias laureada,
es palestra divina en quien se encierra
el mejor paraíso de la tierra.

La *Compañía* es la Compañía de Jesús, los jesuitas, quienes levantaron la espectacular iglesia de la calle Libreros. Comenzaron la obra en 1567 pero no se terminó hasta 1620. Los apelativos con que califica a esta iglesia: *hermosa, con primor labrada, preciosas riquezas...* demuestran la admiración de Moncayo por una construcción que destaca sobremanera por su altura y solidez en el conjunto de la ciudad.

> 19
> De veinticinco formas milagrosas
> es Custodia feliz, restituidas
> por mano de un ladrón que, entre otras cosas,
> veinte años y más tuvo escondidas,
> y después de otros treinta, misteriosas,
> están guardadas nunca corrompidas,
> celebrándose siempre en aquel día
> solemne procesión con alegría.

El milagro de las Santas Formas dio lugar a la construcción de la capilla del mismo nombre, en la misma iglesia de los jesuitas. Resume el milagro en tres versos: el ladrón esconde las hostias durante veinte años y se conservan incorruptas. El adjetivo *misteriosas,* intercalado, destaca el milagro que se conmemora con una procesión. Juan Pérez de Montalbán escribió un Auto Sacramental sobre este tema en torno a 1620, como se indica en la edición publicada en 2019.

> 20
> Del Seráfico Padre San Francisco
> cuatro santos se ven beatificados
> que todos recogiéndose a su aprisco
> fueron en vida y muerte laureados:
> San Diego, San Julián y Fray Francisco,

Fray Juan, con otros menos celebrados,
que guardados sus cuerpos verdaderos
sin corrupción ninguna están enteros.

Los cuatro frailes que se citan pertenecen a la orden franciscana, de ahí la referencia al santo y el sustantivo *aprisco* que dota al convento de un carácter natural. El cuerpo incorrupto de San Diego de Alcalá (1400-1463) se venera actualmente en la catedral de Alcalá. Su vida y milagros inspiró una obra teatral de Lope de Vega. El beato Julián (1553-1606) falleció en Alcalá de Henares. Aunque figura como santo, no ha sido canonizado. Se le atribuyen muchos milagros. Lope de Vega le dedicó otra obra de teatro, *El saber por no saber y vida de San Julián de Alcalá de Henares.* Fray Francisco de Jesús (1544-1604) es otro fraile limosnero con fama de santo que pasó gran parte de su vida en el hospital de Antezana. Nuevamente Lope de Vega le dedicó la obra *El rústico en el cielo,* escrita en 1605 y publicada en 1623.

21
Diez conventos de monjas guarnecidos
de hermosos pedestales y columnas
de Corintio, edificios tan lucidos
que arquitectos agravan (sic) en sus lunas
por espejos de soles escondidos
sin tener en su luz manchas algunas.
Y ocultos siempre tantos arreboles
hay en cada convento muchos soles.

Destaca la belleza de los edificios de los conventos y la calidad de la construcción. Con las *columnas de Corintio* alude al estilo arquitectónico cuyos capiteles tienen una decoración vegetal formada por hojas de acanto. Utiliza la metáfora de la luz para referirse al brillo espiritual de los conventos. Con *agravan* se refiere a «graban», imprimen en sus lunas, presumen de ellos. La mayor parte de estos conventos son de clausura -*ocultos*- donde se guardan los soles, la luz de santidad.

> 22
> Cuatro fuentes, dulzura de Amaltea,
> su corriente aventaja cristalino
> donde alientos más bien el aura emplea
> al candor de su margen peregrino.
> El cristal bullicioso lisonjea
> murmureo emulador en el camino,
> tan contento que viene alborotado
> brincando, en alcauces (sic) apretado.

Preciosa estrofa para referirse a las fuentes. Amaltea es la cabra que amamantó a Zeus en la cueva donde le escondió Rea para salvarle de la voracidad de Cronos. La calidad de su agua se compara con la de la leche de la cabra. Los cuatro versos finales destacan el sonido y el movimiento del agua con notables aciertos poéticos. Personaliza al agua dándole la característica de *lisonjea,* o sea, dice palabras agradables Al mismo tiempo, la aliteración -la repetición de la consonante nasal *m* y la vocal *u*- intenta imitar el sonido constante de la fuente que nuevamente cobra vida a través de la prosopopeya implícita en *contento, alborotado* y *brincando. Alcauces* es un regionalismo para referirse a los arcaduces, los caños de la fuente.

> 23
> Es Corte Arzobispal, cuya grandeza
> política se encierra y bizarría,
> adonde caballeros y nobleza
> juntan autoridad y cortesía,

singular discreción, fuerte destreza,
ánimo liberal y gallardía.
Y en fin, hallando en tanto Señorío
autoridad, nobleza, ingenio y brío.

Desde 1209, cuando el arzobispo Rodrigo Jiménez de Rada levantó el palacio como una fortaleza mudéjar hasta la actualidad, el palacio arzobispal ha sido la sede de los diferentes arzobispos de Toledo y, actualmente, del obispo de Alcalá. La estrofa se construye sobre una enumeración de sustantivos que pretenden destacar el poder -*autoridad, nobleza…*- junto con la inteligencia y la caballerosidad -*cortesía, discreción, ingenio…*- El último verso resume todas las características expuestas en los anteriores.

24
A imitación de Roma generosa
la Villa ostenta timbres y valores
de su preclara siempre y poderosa
Constitución, magníficos honores,
imperios dilatados; deja y osa
cuando la fama canta los loores.
Es con el oro y púrpura que ostenta,
al Mayo envidia, pero al sol afrenta.

La comparación de Alcalá con Roma y su imperio se potencia con el adjetivo *poderosa* y con las expresiones en aposición como *imperios dilatados.* Los dos versos finales de la octava destacan la riqueza -*oro*- y poder -*púrpura*- a través de color cardenalicio comparados con la naturaleza -*mayo*- y el brillo del *sol.* 25

Astros de flores son las damas bellas
que pisan al Olimpo de hermosura

en tapetes de luz, solios de estrellas,
llegando su beldad hasta la altura.
Y si en la tierra imprimen breves huellas
sucesivos claveles asegura
donde en planteles siempre a todas horas
apacibles se ven tantas auroras.

Si en los versos anteriores, Moncayo ha destacado edificios y poder, ahora se acerca a la gente, a los habitantes de la ciudad; y comienza con las mujeres, *damas bellas*. Para encumbrar su belleza emplea todos los tópicos propios de la poesía amatoria del momento: comparación con las estrellas y luminosidad. Del mismo tipo es la identificación con los *claveles* o con las *auroras* con las que termina la octava.

26
Literarios solares son de Apolo
tantos nobles Colegios como encierra
donde en cada colegio se ve solo
mucho cielo abreviado en poca tierra.
Vuele su fama del uno al otro polo
vagando aplausos que en el aire hiera;
mas fama es menester si los aclama
para cada colegio mucha fama.

Nuevamente la mitología le sirve para divinizar los valores de la ciudad. En este caso es Apolo, el dios de la belleza y la sabiduría, el que puebla los colegios. La antítesis *mucho cielo* frente a *poca tierra* destaca la grandeza de cada espacio colegial. En los últimos versos insiste en uno de los aspectos más destacados del poema, *la fama*. Por esta época estaba generalizado el reconocimiento de la importancia de la Universidad de Alcalá.

27

El Colegio mayor Academia
cuyos anfiteatros florecientes
Coliseo magnífico a porfía
flores produce todas tan prudentes,
siendo jardín a flora desafía,
planta a planta con ánimos valientes
porque ya a todo el mundo es muy constante
que es la flor de su imperio más fragante.

En esta estrofa se centra en el colegio Mayor de San Ildefonso. La alegoría acude a las plantas y las flores para recalcar la importancia de la sabiduría que emana de las aulas de la Universidad —*florecientes, flores, jardín, planta a planta…*— hasta el punto de que en el último verso emplea la metáfora del olor de la flor —*más fragante*— para indicar que aventaja a todas en el *imperio*, en los dominios españoles.

28

Es de San Ildefonso su apellido.
Don Francisco Jiménez de Cisneros
su fundador, varón esclarecido,
de Toledo Arzobispo, en los primeros
cimientos una piedra agradecido
fijó con sus afectos verdaderos
para dar a entender con tal grandeza
que es bien mire los pies quien es cabeza.

De san Ildefonso, nombre del Colegio Mayor, se salta en el verso siguiente al cardenal Cisneros, en un proceso subliminar de identificación. En estas estrofas comienza un largo panegírico del fundador de la Universidad. En el último verso de esta estrofa, una nueva antítesis entre *pies* y *cabeza* le permite crear una especie de contrapicado para encumbrar la parte superior del cuerpo y de la Universidad. Y al mismo tiempo, alude a la humildad del cardenal que, a pesar de su poder, está cercano a la gente normal, a la vida cotidiana.

29
Fue Cardenal de Roma laureado,
Santa Balbina fue título honroso,
conquistador de Orán, en cuyo agrado
se hallaba lo valiente y generoso.
En la campaña con valor armado
la espada y el consejo valeroso
ejercitaba azote al enemigo
siendo su espada su mayor castigo.

Tres nombramientos importantes –*cardenal en Roma, santa Balbina, conquistador de Orán*– ensalzan la importancia de Cisneros. Uno de los nombramientos más importantes era el de Titular de la iglesia de santa Balbina, en Roma. Con estos nombramientos justifica los calificativos con que define a Cisneros fundiendo la valentía en la batalla –*valiente, espada*…– con el de la sabiduría –*generoso, consejo*.

30
Gobernador de España y sobre todo
de virtud ejemplar vida ajustada,
estimándose en menos que el vil lodo,
sin presunción, soberbia, levantada.
Y de letras, también, de un mismo modo
fue de todos su pluma celebrada
mezclando en religión y señorío
virtud, letras, valor, nobleza y brío.

En esta estructura dual, forma dominante en todas las estrofas dedicadas al cardenal, emplea en este caso el contraste entre el poderío –*gobernador de España*–, su virtud y su sabiduría –*pluma celebrada*– con la actitud vital que le define basada en la humildad –*sin presunción*– expresada poéticamente a través de la metáfora *vil lodo*. Como en otras ocasiones, llama la atención cómo el verso final pretende ser una enumeración de todo lo expresado anteriormente y que resume las cualidades del cardenal.

> 31
> Pedro del Campo fue el rector primero
> que ilustró las insignias militantes
> de la beca feliz, manto guerrero
> que arnés y fuerte escudo se vio antes
> siendo de Útica verdadero;
> premios a su valor poco bastantes,
> pues fue por su virtud esclarecida
> ajustado varón en muerte y vida.

Entre las estrofas 31 a 37, Moncayo describe con loables términos los espacios en los que se desarrolla la actividad de la Universidad y los nombres más destacados de su historia. Comienza con Pedro del Campo, el primer rector (¿Ledesma? f. s. XV – Toledo 1551), nombrado obispo de Útica, ciudad del norte de Túnez, en 1516.

> 32
> El primer colegial que adornó el manto
> fue el gran santo Tomás de Villanueva
> cuya vida ejemplar, volumen santo,

> árbitro singular la atención lleva
> pues su virtud y letras lucen tanto
> que ingenio y santidad a un tiempo prueba
> dejando de sus letras tantas flores
> que ilustran la fragancia en subcesores (sic).

Ahora es el primer colegial que llegó a santo, Tomás de Villanueva. En él se funden las dos cualidades que le definen: *virtud* y *letras*. Repite la misma dicotomía con *ingenio* y *santidad*. Estos rasgos que le caracterizan sirvieron de guía a sus sucesores.

33
> Cuarenta y cuatro cátedras conserva,
> de dos mil estudiantes frecuentada
> donde la escuela, centro de Minerva,
> de ingenios singulares laureada
> tanto aplauso magnífico celebra;
> de oposición palestra señalada
> adonde siempre con destreza suma
> el ingenio pelea con la pluma.

Minerva, diosa de la sabiduría, enmarca el escudo de Carlos I en la fachada de la Universidad. Ya la vimos en la estrofa decimoquinta identificada con la Virgen María. Nuevamente la mitología le sirve para resaltar el saber de las cuarenta y cuatro cátedras, ya famosas y reconocidas con *tanto aplauso*. La imagen de la diosa de la sabiduría se resume en el último verso: *ingenio* y *pluma.*

34
> Siete colegios fundación devota
> del santo Cardenal su nombre afaman

que su grandeza su poder denota,
y su valor con gusto celo aclaman
llegando hasta la tierra más remota
su fama, donde santo ya le llaman
pues cuando es de la fama noble empeño
las obras dicen el valor del dueño.

Los *siete colegios* le sirven a Moncayo para seguir encumbrando a Cisneros. Tres veces usa la palabra *fama* para indicar su grandeza. El *poder* del cardenal se completa con su santidad, *donde santo ya le llaman*.

35
Trilingües y Teólogos nombrados
Gramáticos y artistas conocidos
son los unos, los otros afamados
de san Pedro y san Pablo esclarecidos,
cuyos ingenios siempre laureados
han sido en todo el mundo tan sabidos
que siendo generosos, como afables,
han ocupado puestos admirables.

La enumeración de los colegios comienza por los que considera más importantes. El Trilingüe o de san Jerónimo, el de Teólogos o de la Madre de Dios, los dos de Gramáticos: de san Eugenio y san Isidoro, y el de San Pedro y San Pablo. Destaca, como en otros casos, el campo semántico de los valores positivos. La apología se construye, en este caso, con los adjetivos finales de cada verso —*nombrados, conocidos, afamados, esclarecidos*…– Al final resalta la universalidad de sus colegiales: *cuyos ingenios… han ocupado puestos admirables.*

36

De otros doce diversos fundadores
San Clemente, Manriques y Rufinos,
de Lugo, de Aragón, y otros menores,
de Málaga, León y Vizcaínos,
el de Mena, el del Rey, cuyos valores
más aplausos merecen peregrinos
porque si bien se mira a tanto atlante
es ámbito un papel, poco bastante.

Si los anteriores han sido fundados por Cisneros, ahora Moncayo se detiene en la enumeración de los demás colegios, que tienen diversos fundadores. Algunos reciben el nombre de la ciudad de la que proceden sus colegiales. Una nueva hipérbole le sirve para indicar que es imposible reseñar el valor de *tanto atlante*. En la mitología, los atlantes sujetan las columnas del mundo. En la fachada de la Universidad, dos atlantes sujetan las columnas del edificio.

37
Cuatro hospitales caridad alista
en la guerra de amor bien pertrechados
que con pobres aspira a la conquista
del alto reino; viendo sus soldados
luces de Olimpo su valor registra
porque van de la fe todos armados
que en la guerra que al cielo se apresta
pobreza y caridad es arma diestra.

Es curiosa la estructura de esta estrofa que se basa en el contraste entre guerra y cielo. Entiende la vida como una batalla para conseguir el cielo, a la manera de los místicos y ascéticos, pero en lugar del martirio, la mejor arma es el amor, el amor al prójimo en la generosidad de los hospitales. La dicotomía *pobreza-caridad* del último verso lo resume.

38
Agravadas (sic) las armas de esta villa
en su escudo un castillo, y de su río
las aguas que lucientes en la orilla
se ven con apacible señorío,
siendo del cielo octava maravilla
que arrebata la ley del albedrío.
Es espejo del sol, florido mayo
donde apura sus luces rayo a rayo.

De la Universidad y su configuración, pasa a la ciudad. Como en la estrofa 21, *agravadas* se refiere «grabadas», esculpidas en el escudo. Comienza describiendo el escudo de la ciudad, un castillo sobre el agua, para encumbrarla a lo más alto a través de una sorprendente hipérbole: *arrebata la ley del albedrío,* o sea su belleza nos atrae sin poder escapar. Los últimos versos resaltan la luminosidad de la ciudad.

39
Distante de la villa está una ermita
de María del Val, sagrada aurora
perla fina, preciosa margarita
que del cielo riquezas atesora
pues vale al que a validos solicita
valerse humilde de tan gran señora
siendo a la más amarga calentura
triaca, confección, vida y dulzura.

La ermita de la virgen del Val es descrita por medio de una enumeración a través de las metáforas de las joyas, *perla fina*. Al mejor estilo barroco, juega con el significado de «valer» (*vale, validos, valerse*) para destacar el servicio que puede hacer la Virgen. La enumeración final resume, como es frecuente, el valor curativo de la virgen a través de la palabra *triaca*, una pócima compuesta de muchos ingredientes y principalmente de opio.

> 40
> Vestigio yace, memorable ruina
> caduca presunción del tiempo airado
> que siempre sin parar veloz camina.
> Un castillo, testigo inanimado
> en Alcalá la vieja que se empina
> a la esfera del sol precipitado.
> Verdes gigantes son los riscos bellos
> que le tienen al sol de los cabellos.

Una magnífica descripción de las ruinas del castillo de Alcalá la vieja y su entorno cierra el poema. Primero resalta el paso del tiempo que todo lo arruina, después destaca la altura del castillo *que se empina a la esfera del sol* y termina con una preciosa metáfora para vincular los riscos donde se asienta con los cabellos que le unen al sol, personificados como *gigantes*.

FINIS

BIBLIOGRAFÍA

Arellano, Ignacio; Duarte, J. Enrique y Mata Induráin, Carlos (2020): *Los Santos Niños Justo y Pastor en el teatro del siglo XVI*, New York, IDEA.

Annales Complutenses. Sucesión de tiempos desde los primeros fundadores griegos hasta estos nuestros que corren (ca. 1652). Ed. de Carlos Sáez. (1990), Alcalá de Henares, Institución de Estudios Complutenses.

Ballesteros Torres, Pedro Luis (2012): «El Colegio de San Jerónimo o Trilingüe»*, Colegios Menores Seculares de la Universidad de Alcalá*, Alcalá de Henares, Universidad, 65-90.

Delgado Calvo, Francisco (2017): *Prebendados de la Iglesia Magistral de Alcalá de Henares (1479-1991)*, Alcalá de Henares, Institución de Estudios Complutenses, Catedral Magistral.

León Marchante, Manuel de (2016): *Obras complutenses*, ed., estudio y notas M. Vicente Sánchez Moltó, Alcalá de Henares, Institución de Estudios Complutenses.

Lledó Collada, Pilar (2021): «La arquitectura del agua: estudio de fuentes y abrevaderos en Alcalá de Henares en la Edad Moderna», *Anales Complutenses*, 23, 113-136.

Lope Huerta, Arsenio (2016): «El cardenal Cisneros en sus biógrafos», *Homenaje a Cisneros,* Alcalá de Henares, Catedral Magistral, 11-59.

Martínez Morán, Francisco José (2008): *Curso de iniciación a la escritura poética*, Alcalá de Henares, Editorial Universidad de Alcalá.

Palomares Expósito, Catalina y Palomares Expósito, José (2004): «La octava real y la épica renacentista española», Valencia, *Lemir*, nº 8.

Peña Martín, J. Francisco (2021), *Cervantes en Alcalá*, Universidad de Alcalá.

Pérez de Montalbán, Juan (2019): *Auto sacramental famoso de las Santísimas Formas de Alcalá*, edición de Ignacio Arellano, J. Enrique Duarte y Carlos Mata Induráin, New York, IDEA.

Rivera Blanco, Javier (dir.) (2022), *Universidad de Alcalá. Patrimonio de la Humanidad – World Heritage*, Universidad de Alcalá.

Rojo, Antonio (O.F.M.) (1663): *Historia de San Diego de Alcalá. Fvndación, y frvtos de santidad, que ha prodvcido sv convento de Santa María de Iesús*, Madrid, Imprenta Real.

Ruiz Rodríguez, Ignacio (1999): *Fuero universitario y constituciones del Colegio de San Clemente de la Universidad de Alcalá. Contexto histórico, estudios y documentos*, Madrid, Dykinson.

Sánchez Moltó, M. Vicente (1997): *Seminario Diocesano de los Santos Justo y Pastor. Crónica de su última restauración*, Alcalá de Henares, Obispado.

Sánchez Moltó, M. Vicente (2012): «Hospital de estudiantes de San Lucas y San Nicolás», *Colegios menores seculares de la Universidad de Alcalá*, Alcalá de Henares, Universidad, 91-19.

Sánchez Moltó, M. Vicente (2023): coordinador, *Historia colectiva de Alcalá de Henares*, Alcalá de Henares, Ayuntamiento, Institución de Estudios Complutenses.

Vega, Lope Félix de (1623): *El rústico del cielo: tragicomedia famosa*, en Madrid, por Juan González, a costa de Alonso Pérez. Edición digital en Biblioteca Virtual «Miguel de Cervantes».

Vega, Lope Félix de (1638): *El saber por no saber y vida de S. Julián de Alcalá de Henares*, publicada en Madrid por María de Quiñones. Edición digital en Biblioteca Virtual «Miguel de Cervantes». Edición actualizada en la tesis doctoral inédita de Ernesto Filardi Carrero, Universidad de Alcalá, 2008.

Vega, Lope Félix de (1653): *San Diego de Alcalá, en Madrid*, por Melchor Sánchez, a costa de José Muñoz Barma. Edición digital en Biblioteca Virtual «Miguel de Cervantes».

TRANSCRIPCIÓN

TRANSCRIPCIÓN DEL FACSÍMIL
LA VILLA DE ALCALÁ SEGÚN EL ESTUDIANTE
MANUEL MONCAYO DE MOLINA EN 1564

J. Francisco Peña

Macarena Moralejo

Hace un tiempo, la profesora del Departamento de Arte de la UCM, Macarena Moralejo Ortega, encontró este documento que ahora presentamos entre los legajos que estaba investigando. Se lo hizo llegar a Javier Rivera, catedrático de Historia del Arte en la Escuela de Arquitectura de la Universidad de Alcalá. Les llamó la atención la dedicatoria a la descripción de Alcalá de Henares. Hoy en día tenemos el placer de ofrecer esta publicación para dar a conocer algunos aspectos relevantes de la Universidad y la ciudad de Alcalá de Henares en 1654.

Manuel Moncayo de Molina, con solo 18 años, en 1654, se explaya a través de octavas haciendo una encomiosa descripción de los espacios, instituciones y personajes más importantes de la historia de Alcalá.

No es un texto que se pueda caracterizar por su calidad poética y literaria pero sí tiene el interés histórico de conocer de primera mano aquellos lugares y personas que ya entonces marcaban los hitos fundamentales de Alcalá. Estábamos en 1654, todavía en un momento destacado para Alcalá y su Universidad.

Como indica David Castro, para la Universidad de Alcalá se distinguen tres períodos: el primero, entre 1518 y 1543, de apogeo y grandeza; el segundo, entre 1544 y 1620, de consolidación, y el tercero, entre 1620 y 1700, de estancamiento o, como indica Gil García de «un largo declinar».

En esta última etapa, hasta la desaparición definitiva la Universidad en el siglo XIX, se ha reducido considerablemente el número de alumnos. Lo estudiantes de gramática, por ejemplo, habían pasado de 1500 matriculados entre 1550 y 1590 a poco más de 300 a mediados del XVII.

A ello habían contribuido varios factores como la fundación del Colegio Imperial de los jesuitas en Madrid; la creación, también en Madrid, de la Real Junta de Colegios; las reformas económicas; los cambios en las Constituciones de algunos colegios, etc. Los estudios de Ángel Gil García abordan con detalle esta evolución.

En todo caso, nuestro autor disfruta de lleno de su estancia en Alcalá a la que coloca a un excelso nivel a través de las continuas alusiones mitológicas

Para ver la impresión que le produce la entonces villa de Alcalá y las constantes referencias a espacios y personajes concretas, ofrecemos el manuscrito junto a su versión actualizada y un breve comentario de aquellos aspectos más relevantes. Esperamos, con ello, favorecer la lectura de un texto que resalta de forma elogiosa a Alcalá y su Universidad. Un hito más en la historia de esta ilustre ciudad.

Descripción de la Villa de Alcalá de Henares que hizo
Don Manuel Moncayo de Molina, natural de la Villa de
Villaescusa de Haro, siendo cursante en ella, de edad de 18 años.
Año de 1654. En octavas.

Cansada mi Talía, en metro grave
la cítara de Apolo a pulsar llega,
doradas cuerdas, plectro tan suave,
que en mar de admiración la suya anega,
numen mayor a mi discurso agrave.
Si el perenne cristal su acento niega,
invoco tu favor, sagrado Apolo,
porque llegue del uno al otro polo.

Humilde descripción a tanta alteza
cobarde animaré toscos pinceles,
que al pintar tan magnífica belleza
es corto dueño un remontado Apeles,
pero grata dedica mi simpleza.
Afecto y voluntad, ánimos fieles,
sin obra, voluntad y afecto cobra,
y así dedico voluntad sin obra.

Breve epítome, y así corta summa
pintaré de Alcalá no retocada,
si un borrón imperfecto de mi pluma
con toscas apariencias animado
sin que la vanidad jamás presuma
desvanecida, premio levantado,
porque a quien es humilde, y ha de serlo,
mal puede la soberbia engrandecerlo.

En apacible sitio está fundada,
de una hermosa llanura engrandecida,
de opacas arboledas adornada,
y de hermosos bosques guarnecida,
de Henares cristalino aprisionada,
con grillos de cristal tan oprimida,
que con cadenas de luciente plata
en calabozo breve, los pies le ata.

Después de Hipócrene, río hermoso,
espíritus infunde del Parnaso,
y Musas en su asiento generoso,
gustan cristal perenne del Pegaso,
pues coronando ya su centro undoso
imperios apacibles del Caucaso,
mereciendo su numen la corona,
Henares es verdad, miente Helicona.

Con puente y barca Tigris se acredita,
Éufrates de arboledas se guarnece,
por los bosques también a Duero imita,
y al Po por lo espacioso se parece,
del Ebro amenidades solicita,
nombre de Nilo su caudal merece.
Entre ríos, caudal, bosques amenos,
Henares es lo más, lo más menos (sic).

Caduca ruina y a lo que antes era
barbacana segura, cerca fuerte,
porque el siglo veloz en su carrera
no reserva edificios de la muerte,

bien que aun en sus cenizas reverbera
vislumbres de su luz en cualquier suerte,
pues quien siempre altiveces ha tenido
aun en la muerte dice lo que ha sido.

Ocho puertas abrazan prodigiosas
la distancia de muros dilatados
todas las calles bellas, y espaciosas,
torres y chapiteles levantados
tan eminentes, tan maravillosos
que con sus puntas dan al sol cuidados,
temiendo no le escalen por ventura
el imperio feliz de su hermosura.

Un Palacio Imperial, cuya grandeza
de Dédalo excedió la arquitectura
donde unió juntamente la destreza
el valor, artificio y hermosura.
Laberinto mejor su fortaleza,
donde el temor cuidados asegura,
pareciendo a la vista y el desvelo
por afuera Alcázar, y por dentro cielo.

Graves templos, lucidos santuarios,
conchas que siempre guardan perlas finas
siendo todas del cielo relicarios,
y de la tierra flores peregrinas
donde encierran preciosos los sagrarios
de las Santas Reliquias tan divinas
que admiran todos con devoto celo.
¡Cualquier pequeña iglesia, gran cïelo!

Mil vecinos la habitan divididos
en tres parroquias: una de los Santos
Mártires Justo y Pastor, que teñidos
los cuellos con su púrpura de tantos
mártires victoriosos, y vencidos
triunfaron, padeciendo mil quebrantos,
dejando con valor allí perdidas
por la fe las haciendas y las vidas.

Cuya Iglesia los cuerpos atesora
en su cielo, Capilla o Paraíso
adonde está una piedra que evapora
milagroso licor, sudor remiso,
ara del sacrificio valedora,
donde en víctima fiel su afecto quiso
morir juntos mostrando con desvelo
ser piedra en la constancia de su celo.

De dignidades centro laureado
donde tantos obispos han salido
que la fama en su fama han levantado
aplausos que afamado, y merecido;
mas aunque vuela, corta se ha quedado
porque más que a la fama ha suspendido.
Pues aunque a sus blasones grata cela
con las plumas de su ingenio vuela.

Es la otra de aquella Virgen pura,
María la mayor de tierra y cielo,
espejo cristalino de hermosura,
donde aclara las sombras del recelo,

deslumbrando del todo a quien procura
ponerle oscuridades con desvelo,
pues que desmiente apóstatas ensayos
porque son pocas nubes a sus rayos.

La más antigua de Alcalá nombrada
de la universidad madre piadosa.
La Minerva de ciencias laureada,
amparo de afligidos generosa,
la luna de hermosura no eclipsada
y del huerto de Dios fragante rosa,
María, de la fe fuerte columna,
madre ampara Minerva rosa luna.

Obra de aquel que armado en la campaña
contra infieles su espada valerosa
tinta en su sangre, fue defensa de España
libre por él de gente perniciosa.
Y desde entonces para más hazaña
le apellidan Patrón con pompa honrosa
pues cuando Santidad la defiende,
la borrasca del tiempo no la ofende.

Diecinueve conventos tiene varios
como son Carmelitas, Vitorianos,
del Ángel, Capuchinos, Trinitarios,
Agustinos, San Juan, Dominicanos,
Santo Tomás, Bernardos, Mercenarios (sic).
Y otros muchos, que son intentos vanos
querer hacer de sus prodigios suma
con el cobarde curso de una pluma.

La Compañía, que es cielo abreviado,
su hermosa iglesia con primor labrada
de lo compuesto, y bien perfeccionada,
de preciosas riquezas adornada.
De suntuoso aplauso celebrada,
de bellas eminencias laureada,
es palestra divina en quien se encierra
el mejor paraíso de la tierra.

De veinticinco formas milagrosas
es Custodia feliz, restituidas
por mano de un ladrón que, entre otras cosas,
veinte años y más tuvo escondidas,
y después de otros treinta, misteriosas,
están guardadas nunca corrompidas,
celebrándose siempre en aquel día
solemne procesión con alegría.

Del Seráfico Padre San Francisco
cuatro santos se ven beatificados
que todos recogiéndose a su aprisco
fueron en vida y muerte laureados:
San Diego, San Julián y Fray Francisco,
Fray Juan, con otros menos celebrados,
que guardados sus cuerpos verdaderos
sin corrupción ninguna están enteros.

Diez conventos de monjas guarnecidos
de hermosos pedestales y columnas
de Corintio, edificios tan lucidos
que arquitectos agravan (sic) en sus lunas

por espejos de soles escondidos
sin tener en su luz manchas algunas.
Y ocultos siempre a tantos arreboles
hay en cada convento muchos soles.

Cuatro fuentes, dulzura de Amaltea,
su corriente aventaja cristalino
donde alientos más bien el aura emplea
al candor de su margen peregrino.
El cristal bullicioso lisonjea
murmureo emulador en el camino,
tan contento que viene alborotado
brincando, en alcauces (sic) apretado.

Es Corte Arzobispal, cuya grandeza
política se encierra y bizarría,
adonde caballeros y nobleza
juntan autoridad y cortesía,
singular discreción, fuerte destreza,
ánimo liberal y gallardía.
Y en fin, hallando en tanto Señorío
autoridad, nobleza, ingenio y brío.

A imitación de Roma generosa
la Villa ostenta timbres y valores
de su preclara siempre y poderosa
Constitución, magníficos honores,
imperios dilatados; deja y osa
cuando la fama canta los loores.
Es con el oro y púrpura que ostenta,
al Mayo envidia, pero al sol afrenta.

Astros de flores son las damas bellas
que pisan al Olimpo de hermosura
en tapetes de luz, solios de estrellas,
llegando su beldad hasta la altura.
Y si en la tierra imprimen breves huellas,
sucesivos claveles apresura
donde en planteles siempre a todas horas
apacibles se ven tantas auroras.

Literarios solares son de Apolo
tantos nobles Colegios como encierra
donde en cada colegio se ve solo
mucho cielo abreviado en poca tierra.
Vuele su fama del uno al otro polo
vagando aplausos que en el aire hiera;
mas fama es menester si los aclama
para cada colegio mucha fama.

El Colegio mayor Academia
cuyos anfiteatros florecientes
Coliseo magnífico a porfía
flores produce todas tan prudentes,
siendo jardín a flora desafía,
planta a planta con ánimos valientes
porque ya a todo el mundo es muy constante
que es la flor de su imperio más fragante.

Es de San Ildefonso su apellido.
Don Francisco Jiménez de Cisneros
su fundador, varón esclarecido,
de Toledo Arzobispo, en los primeros

cimientos una piedra agradecido
fijó con sus afectos verdaderos
para dar a entender con tal grandeza
que es bien mire los pies quien es cabeza.

Fue Cardenal de Roma laureado,
Santa Balbina fue título honroso,
conquistador de Orán, en cuyo agrado
se hallaba lo valiente y generoso.
En la campaña con valor armado
la espada y el consejo valeroso
ejercitaba azote al enemigo
siendo su espada su mayor castigo.

Gobernador de España y sobre todo
de virtud ejemplar vida ajustada.
Estimándose en menos que el vil lodo,
sin presunción, soberbia, levantada.
Y de letras, también, de un mismo modo
fue de todos su pluma celebrada
mezclando en religión y señorío
virtud, letras, valor, nobleza y brío.

Pedro del Campo fue el rector primero
que ilustró las insignias militantes
de la beca feliz, manto guerrero
que arnés y fuerte escudo sería antes
siendo de Útica verdadero;
premios a su valor poco bastantes,
pues fue por su virtud esclarecida
ajustado varón en muerte y vida.

El primer colegial que adornó el manto
fue el gran santo Tomás de Villanueva
cuya vida ejemplar, volumen santo,
árbitro singular la atención lleva
pues su virtud y letras lucen tanto
que ingenio y santidad a un tiempo prueba
dejando de sus letras tantas flores
que muestran la fragancia en subcesores (sic).

Cuarenta y cuatro cátedras conserva,
de dos mil estudiantes frecuentada
donde la escuela, centro de Minerva,
de ingenios singulares laureada
tanto aplauso magnífico celebra;
de oposición palestra señalada
adonde siempre con destreza suma
el ingenio pelea con la pluma.

Siete colegios fundación devota
del santo Cardenal su nombre afaman
que su grandeza su poder denota,
y su valor con gusto celo aclaman
llegando hasta la tierra más remota
su fama, donde santo ya le llaman
pues cuando es de la fama noble empeño
las obras dicen el valor del dueño.

Trilingües y teólogos nombrados
gramáticos y artistas conocidos
son los unos, los otros afamados
de San Pedro y San Pablo esclarecidos,

cuyos ingenios siempre laureados
han sido en todo el mundo tan sabidos
que siendo generosos, como afables,
han ocupado puestos admirables.

De otros doce diversos fundadores
San Clemente, Manriques y Rufinos,
de Lugo, de Aragón, y otros menores,
de Málaga, León y Vizcaínos,
el de Mena, el del Rey, cuyos valores
más aplausos merecen peregrinos
porque si bien se mira a tanto atlante
es ámbito un papel, poco bastante.

Cuatro hospitales caridad alista
en la guerra de amor bien pertrechados
que con pobres aspira a la conquista
del alto reino; viendo sus soldados
luces de olimpo su valor registra
porque van de la fe todos armados
que en la guerra que al cielo se apresta
pobreza y caridad es arma diestra.

Agravadas (sic) las armas de esta villa
en su escudo un castillo, y de su río
las aguas que lucientes en la orilla
se ven con apacible señorío,
siendo del cielo octava maravilla
que arrebata la ley del albedrío.
Es espejo del sol, florido mayo
donde apura sus luces rayo a rayo.

Distante de la villa está una ermita
de María del Val, sagrada aurora
perla fina, preciosa margarita
que del cielo riquezas atesora
pues vale al que a validos solicita
valerse humilde de tan gran señora
siendo a la mar amarga calentura
triaca, confección, vida y dulzura.

Vestigio yace, memorable ruina
caduca presunción del tiempo airado
que siempre sin parar veloz camina.
Un castillo, testigo inanimado
en Alcalá la vieja que se empina
a la esfera del sol precipitado.
Verdes gigantes son los riscos bellos
que detienen al sol de los cabellos.

Reproducción
del manuscrito conservado en Madrid,
en la Biblioteca
de la Real Academia de la Historia

Signatura 9/7272*

*La Real Academia de la Historia es la depositaria de este ejemplar, entidad concesora de los derechos de reproducción y edición, quedando sujetos a las condiciones generales para la reproducción y publicación de fondos establecidos por la misma.

Descripción de la Villa de Alcala de Henares
que hizo Don Manuel Moncayo de Molina, nat. de la
Villa de Villaescusa de Haro, siendo Cursante en ella de
edad de 18 años === Año de 1654. en octabas.

Cansada mi Talia en metro graue
la Citara de Apolo a pulsar llega,
Doradas Cuerdas plectro tan suaue,
que en mar de admiración, la suya anega
Numen mayor a mi discurso agraue,
si el solemne Cristal su azento niega
inuoco tu fauor sagrado Apolo,
porque llegue del vno, al otro polo.

Humilde descripción a tanta Alteza
Cobarde animare toscos pinceles,
que al pintar tan magnifica belleza,
es corto Dueño vn remontado Apeles,
pero grata deuida mi simpleza.
afecto y Voluntad, animos fieles
Sin obra, Voluntad afecto cobra,
Y assi dedico Voluntad sin obra.

Breue Chitome, y assi corta summa
pintare de Alcala no retocada,
si en borron imperfecto de mi pluma
con toscas apariencias animada

Sin que la vanidad jamas presuma
desuanecida premio leuantado,
porque a quien es humilde, y ha de serlo,
mal puede la Sobervia engrandezerlo.

En Apacible sitio esta fundada,
de vna hermossa llanura engrandezida
de Oppacas Arboledas adornada,
Y de hermossos bosques guarnecida,
de Henares Christalino appricionada
con grillos de christal tan Opprimida,
que con cadenas de luciente plata
en Calaboço breue, los pies le ata.

Este pues de Ypocrene rio hermosso
Espiritas infunde del Parnaso,
Y Musas en su asiento deuexoso
Justan cristal perenne del Pegaso,
pues coronando ya su zentro vndoso
Imperios apacibles del Caucasso,
mereciendo su numen la Corona
Henares es verdad, miente Clicona.

El Euente, y baxia Tigris se acredita
Eufrates de Arboledas reguarnece
por los bosques tambien a Buxo inuita,
Y al Po por lo Espacioso se parece,
del Ebro amenidades solizita,
nombre de Nihilo su caudal merece
Entre Rios, Caudal, bosques Amenos,
Henares es lo mas, lo mas menos.

Caduca Ruina y alo que antes era
barbacana segura, rezia fuerte,
porque el siglo veloz en su carreza
no reserua edifizios de la muerte,
bien que aun en sus zenizas rebervera
vislumbres de su Luz de qualquier suerte,
y pues quien siempre altiuezes ha tenido
aun en la muerte dize lo que ha sido.

Ocho Puertas abrazan prodigiossas
La distanzia de muros dilatados
todas las Calles bellas, y espaziosas,
Torres y Chapiteles Leuantados
tan eminentes, tan marauillossos
que con sus juntas dan al sol cuidados,
temiendo no le escalen por ventura
el Imperio feliz de su Hermosura.

Vn Palazio Imperial, cuya grandeza
de Dedalo excedió la arquitectura
donde vnis juntas la destreza
el Valor, artifizio y hermosura
Laberinto mejor su fortaleza,
donde el temor cuidados asegura,
hareziendo a la vista, y el desuelo
por á fuera Alcazar, y por dentro zielo.

Graues templos, Luzidos Santuarios
Conchas que siempre guardan perlas finas
siendo todas del zielo Relicarios,
Y de las tierras flores peregrinas

Donde encierran preciosos los sagrarios
De los Santos, reliquias tan divinas,
que admiran todos con devoto Zelo
Qualquier pequeña Yglesia, ¡gran Zielo!

Mil Vezinos la habitan divididos
Entres Parrochias, una de los Santos
Martires Justo, Y Pastor que teñidos
Los Cuellos con su purpura de tantos
Martires Victoriosos, y Vencidos
Triunfaron, padeciendo mill quebrantos
Dexando con valor alli perdidas
Se la fee las haziendas y las Vidas.

Cuya Yglesia los Cuerpos athesora
En su Zielo, Capilla ô Sagrario
Adonde esta una piedra que vapora
Milagroso licor, sudor Xenisso
Ara del sacrifizio valedora,
Donde en Victima fiel su afecto quiso
morir juntos mostrando con desvelo,
Ser piedra en la Constancia de su Zelo.

De Dignidades Zentro Laureado
donde tantos obispos han salido
que la fama en su fama han levantado
Aplausos que afamado, y merecido,
mas aunque buela corta se ha quedado
porque mas que a la fama ha suspendido

Pues aunque a sus blasones quata zela
mas con las plumas de su Angenio buela.

Ca otra de aquella Virgen pura
Maria la mayor de tierra y zielo,
Espexo cristalino de hermosura,
Donde aclara las sombras del zelo,
deslumbrando del todo a quien procura
ponexle obscuridades con desuelo,
Pues que desmiente Apostatar ensayos
Porque son pocas nubes a sus rayos.
La mas antigua de Alcala nombrada
de la vniuersidad Madre piadosa
La Minerba de Zienzias Laureada,
Amparo de afligidos generossa,
La Luna de hermosura no eclipsada
I del Huerto de Dios fragrante rossa
Maria de la fee fuerte Columna
Me ampara Minerba Rossa Luna.
Otra de aquel que armado en la campaña
contra los Infieles su Espada valerosa
tinta en su sangre, fue defensa de hespaña
Libre por el de gente perniciosa
I desde entonces para mas Azaña
Se Apellidar Satan con pompa honrrossa
pues quando Santt.la de sente
La borrasca del tiempo no la ofende

Diez y nuebe Conv.tos tiene varios
Como son Carmelitas, Victorianos,
del Angel, Capuchinos, Trinitarios
Augustinos, S. Juan, Dominicanos
S. Thomas, Bernardos Mercenarios
Y otros muchos que son intentos vanos
querer hazer de sus prodijios summa
Con el cobarde curso de vna Pluma.
La Compania, que es Cielo abreuiado,
O su hermossa Yglessia con primor labrada
delo Compuesto, y bien ser fixonada
de preciossas Riquezas adornada
De Sumptuosso Aplauso Zelebrado
De bellas Eminenzias Laureada
es Palestra diuina enquien se enzierra
el mejor Paraisso dela Tierre.
De Veinte y zinco formas milagrossas
es Custodia feliz Restituidas
por mano de vn Ladron que entre otras cossas
Veinte años y mas tubo escondidas,
Y despues de otros treinta misteriossas
estan guardadas nunca rozrompidas,
Zelebrandosse siempre en aqueldia
solemne Procession con alegria.
Del Seraphico P. S. Juan.
quatro Santos seren beatificados

Que todos recogiendose a su apriſco
fueron en vida y muerte Laureados
S.n Diego S.n Julian, y fr. fran.co
fr. Juan con otros m.s zelebrados
Que guardados sus Cuerpos Verdaderos
sin Corrupçion ninguna estan Enteros.

Diez Conuentos de Monjas guarnecidos
de hermosos pedestales, y Columnas
de Corinthio Edifizios tan Lucidos
que Arquitectos agrauan en sus Lunas
por Espejos de Soles escondidos
sin tener en su Luz manchas algunas
Y ocultos siempre tantos arreboles
Ay en cada Conu.to muchos Soles.

Quatro fuentes, dulzuras de Amaltea
su Corriente abentaja cristalino
Adonde alientos mas bien el aura emplea
el candor de su margen peregrino
el Chriſtal bullicioso Lisonjea
Murmureo emulador en el camino,
tan contento que viene alboroto
brincando en Alcauzes apretado.

Su Corte Metropal cuya grandeza
politica se enzierra en bizarria,
Adonde Caualleros y Nobleza
Juntan Autoridad y Cortesia

Singular dirección, fuerte de braza,
Ánimo liberal, y gallardía
Y en fin hallan en tanto Señorío
Autoridad, Nobleza, ingenio, y brío.

Imitación de Roma generosa
La Villa ostenta timbres, y Valores
de su preclara siempre y poderosa
Constitución, magníficos honores,
Imperios dilatados, dessa y osa
Quando la fama canta los loores
Es con el oro, y purpura que ostenta,
al Mayo embidia, pero al sol afrenta.

Otros de flores son las Demas bellas
que pisan al olimpo de hermosura
y en tapetes de Luz, solios de Estrellas,
llegando su beldad hasta la altura,
Asi en la tierra Ymprimen breves huellas
Subcessivos Claueles a seguras   siempre a todas oras
Donde en Planteles de temprana flor
Apacibles se ven tantas Auroras.

Literarios Solares son de Apolo
tantos Nobles Colexios como en tierra,
donde en cada Colexio se ve solo
mucho zielo abreuiado en poca tierra,
buele su fama del vno al otro Polo
vagando aplausos que en el aire hierra
ñа fama es menester si los aclama
para cada colegio mucha fama.

El Colexio maior Academia
cuyos Anfiteatros floreçientes
Coliseo magnifico apoxfia
flores produze todas tan prudentes
siendo Jardin a flora desafia
planta, aplanta con animos valientes
porque ya a todo el mundo es muy constante
que es la flor de su Ymperio mas fragrante.
Es de s.ta Yllephonsso su apellido
D.n Fran.co Ximenes de Zisneros
su fundador Varon esclareçido
de Toledo Arçobo, en los primeros
Zimientos vna piedra Atoxazezido
fixo con sus afectos verdaderos
y para dar à entender con tal grandeza
que es bien mire los Pies quienes Cauesa.
fue Cardenal de Roma Sauxeado,
Sancta Balbina fue titulo honrroso,
Conquistador de Oran, en cuyo aoxado
se hallaba lo valiente, y generoso,
En la Campaña con valor armado
la Espada y el Consexo Valexoso
Exercitaba azote al Enemigo,
siendo su Espada su mayor castigo.
Gouexnado de España y sobretodo
de virtud, exemplar vida axustada

Estimandose en menos, que el vil lodo
sin presumpcion, soberbia, ó leuantada
Y de Letras tambien de mi mismo modo
fue de todos su pluma Zelebrada
mezclando en Religion y señorio
Virtud, Letras valor, Nobleza, y brio.

Coro del Campo fue el Rector primero
que Ilustro las Incignias militantes
dela Beca feliz, manto Guerrero
que Arnes, y fuerte escudo serio antes
siendo de Utica verdadero
premios a su valor poco bastantes,
que fue por su Virtud esclarecida
ajustado Varon en muerte, y Vida.

El Primer Colegial que adornó el manto
fue el oran S. Thomas de Villanueba
cuya Vida exemplar, Volumen santo
A titulos singular la atencion llena
pues su virtud, y Letras lucen tanto
que ingenio y santidad aun tiempo prueba
dexando de sus Letras tantas flores
que Ilustran la fragrancia en su bienores.

Quarenta y quatro Cathedras consenta
de dos mill Estudiantes frequentada
Donde la Escuela, Zentro de Minerba
de Ingenios singulares laureada
tanto aplauso magnifico Zelebra
de Opposicion palestra señalada

Adonde siempre con destreza summa

el Ingenio pelea conla Pluma.

Estte Colexios fundazion deuotta

del s.r Cardenal sunombre afaman

que su grandeza y su poder denotta

Zsu valor con justo Zelo aclaman

llegando hasta la tierra mas remotta

su fama, donde s.to ya le llaman

Pues q.do es dela fama noble empeño

Las obras dizen el valor del Dueño.

Bilingues y Theologos nombrados

Grammaticos y Artistas conocidos

Son los vnos, los otros afamados

De s.n Pedro, y s.n Pablo esclarecidos,

cuyos ingenios siempre laureados

han sido en todo el mundo tan sabidos

que siendo generosos, como afables

han occupado puestos admirables.

De Otros doze diuersos fundadores

s.n Clemente, Manrrique, y Cuñiros

de Lugo, de Aragon, y otros menores

de Malaga Leon, y Vizcainos

el de Mena, el del Rey, cuyos Valores

mas aplausos merezen peregrinos

Porque si bien se mira a tanto adelante

es Ambitto vn papel poco bastante

Quatro Hospitales Charidad alista
en la guerra de amor bien pertrechados
que con Pobres aspira a la conquista
del alto Reino, viendo sus Soldados
Luces de Olimpo su valor registra
porque van de la fee todos armados
que en la guerra que al zielo se apresta,
Pobreza, y Charidad es arma nuestra.

Armadas Las armas de la villa
en su escudo un Castillo, y de su Rio
Las Aguas que lucientes en la Orilla
se ven con apacible señorio
siendo del zielo oltava marauilla
que arrebata la Ley del albedrio
es espexo del sol florido Mayo,
Donde apura sus luces rrayo à rrayo.

Distante de la Villa esta una hermita
de Maria del Bal, sagrada aurora
perla fina, preciossa Margarita
que del zielo riquezas athesora
pues vale al que afligido solizita
y a le sirve humilde de tan gran señora
siendo a la mas amarga Calentura
triaca, confección, vida, y Dulzura.

Estiorio iace, memorable ruina
Caduca presumpción del tiempo airado

que siempre sin parar veloz camina
Vn castillo, testigo inanimado
en Alcala la vieja que se empina
a la esphera del sol precipitado
Vertes gigantes son los Ricos bellos
que retienen al sol de los Cabellos

Fin.

Esta reproducción y sus estudios se editaron en 2025
a instancias de la Universidad de Alcalá y de la Asociación de
Amigos de la Universidad de Alcalá (España) con motivo de
los actos de celebración de los 25 años de su declaración (2 de
diciembre de 1998) como Patrimonio de la Humanidad por la
UNESCO, constituyendo así, una de las cinco que poseen dicha
consideración *ex profeso* en todo el mundo, con La Universidad
de Virginia (USA), la Universidad Nacional de México-UNAM
(México), la Universidad Central de Venezuela-UCV (Caracas)
y la de Coímbra (Portugal).

ASOCIACIÓN DE AMIGOS
DE LA
UNIVERSIDAD DE ALCALÁ

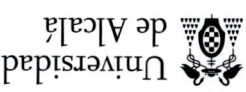

EDITORIAL
UNIVERSIDAD DE ALCALÁ

ANIVERSARIO
PATRIMONIO
MUNDIAL